Polyglott-Reiseführer

Bu(

Mich...

Polyglott-Verlag München

Langenscheidt Mini-Dolmetscher

Allgemeines

Guten Morgen	Jó reggelt kívánok [joh **räg**·gält **kih**wahnok]
Guten Tag	Jó napot kívánok [joh **na**pot **kih**wahnok]
Guten Abend	Jó estét kívánok [joh **äsch**teht **kih**wahnok]
Hallo!	Helló! [häl·lo]
Wie geht es Ihnen / dir?	Hogy van / vagy? [hodj wan / wadj]
Danke, gut.	Köszönöm jól. [**kö**ßönöm johl)
Ich heiße ...	... vagyok. [**wa**djok]
Auf Wiedersehen!	Viszontlátásra! [**wi**ßontlahtahschra]
Morgen	reggel [**räg**·gäl]
Nachmittag	délután [**deh**lutahn]
Abend	este [**äsch**tä]
Nacht	éjszaka [**ehj**ßaka]
morgen	holnap [**hol**nap]
heute	ma [ma]
gestern	tegnap [**täg**nap]
Spricht hier jemand Deutsch / Englisch?	Beszél valaki németül / angolul? [**bä**ßehl **wa**laki **neh**mätül / **an**golul]
Wie bitte?	Tessék? [**täsch**·schehk]
Ich verstehe nicht.	Nem értem. [näm **ehrt**·täm]
Sagen Sie es bitte nochmals.	Legyen szíves, mondja el még egyszer. [**lä**djän **ßih**wäsch, **mon**dja äl mehg **ätj**ßär]
..., bitte.	..., tessék. [**täsch**·schehk]
danke	köszönöm [**kö**ßönöm]
Gern geschehen.	Szívesen. [**ßih**wäschän]
was / wer / welcher	mi / ki / melyik [mi / ki / **mä**jik]
wo / wohin	hol / hova [hol / **ho**wa]
wie / wieviel	hogyan / hány [**ho**djan / **hah**nj]
wann / wie lange	mikor / meddig [**mi**kor / **mäd**·dig]
Wie heißt das auf ungarisch?	Hogy mondják magyarul? [hodj **mon**djahk **ma**djarul]
Wo ist ...?	Hol van ...? [hol wan]
Können Sie mir helfen?	Segítene? [**schä**gihtänä]
ja	igen [**i**gän]
nein	nem [näm]
Entschuldigen Sie.	Elnézést kérek. [**äl**nehsehscht **keh**räk]

Sightseeing

Wo ist das Fremdenverkehrsbüro?	Hol van az idegenforgalmi hivatal? [hol wan as **i**dägänforgalmi **hi**watal]
Ich hätte gerne einen Stadtplan.	Kérek egy várostérképet. [**keh**räk ädj **wah**roschtehrkehpät]
Wann ist ... geöffnet / geschlossen?	Mikor van nyitva / zárva ...? [**mi**kor wan **nji**twa / **sahr**wa]
das Museum	a múzeum [a **mu**säum]
die Kirche	a templom [a **täm**plom]
die Ausstellung	a kiállítás [a **kiahl**·lihtahsch]

Shopping

Wo gibt es ...?	Hol lehet ...-t kapni? [hol **lä**hät ...-t **kap**ni]
Wieviel kostet das?	Mennyibe kerül? [**män**·njibä **kä**rül]
Ich hätte gern etwas Billigeres.	Egy olcsóbbat szeretnék. [ädj **ol**tschohb·bat ßärätnehk]
Das gefällt mir (nicht).	Ez (nem) tetszik (annyira). [äs (näm) **tät**ßik (**an**·njira)]
Gibt es das in einer anderen Farbe / Größe?	Van még más színben / méretben is? [wan mehg mahsch **ßihn**bän / **meh**rätbän isch]
Ich nehme es.	Ezt megveszem. [äßt **mäg**wäßäm]
Wo ist hier eine Bank?	Hol van a közelben bank? [hol wan a **kö**sälbän bank]
Wo kann ich Geld wechseln?	Hol tudok pénzt váltani? [hol **tu**dok pehnst **wahl**tani]
Geben Sie mir 100 g ... / ein Kilo ...	Tíz deka ... / egy kiló ... -t kérek. [tihs **dä**ka ... / ädj **ki**loh ...-t **keh**räk]
Ich hätte gern eine deutsche Zeitung.	Kérek egy német újságot. [**keh**räk ädj **neh**mät **uhj**schahgot.
Wo kann ich telefonieren?	Honnan telefonálhatnék? [**hon**·nan **tä**läfonahlhatnehk]
Wo kann ich eine Telefonkarte kaufen?	Hol lehet telefonkártyát kapni? [hol **lä**hät **tä**läfonkahrtjaht **kap**ni]

Notfälle

Ich brauche einen Arzt / Zahnarzt.	Orvoshoz / Fogorvoshoz kell mennem. [**or**woschhos / **fog**orwoschhos käl **män**·näm]

Rufen Sie bitte einen Krankenwagen / die Polizei.	Hívja kérem a mentőket / rendőrséget. [**hih**wja **keh**räm a **män**töhkät / **rän**döhrschehgät]
Ich hatte einen Unfall.	Balesetem volt. [**ba**läschätäm wolt]
Wo ist das nächste Polizeirevier?	Hol van a legközelebbi rendőrség? [hol wan a **läk**·kösäläb·bi **rän**döhrschehg]
Man hat mir ... gestohlen.	Ellopták ... [**äl**·loptahk ...]
Mein Auto ist aufgebrochen worden.	Feltörték az autómat. [**fäl**törtehk as **au**tohmat]

Essen und Trinken

Die Speisekarte, bitte.	Az étlapot kérem. [as **eht**lapot **keh**räm]
Brot	kenyér [**kän**jehr]
Kaffee	kávé [**kah**weh]
mit Zucker	kávé cukorral [**kah**weh **tzu**kor·ral]
Milchkaffee	tejeskávé [**tä**jäsch-kahweh]
Tee	tea [**tä**ja]
Tee mit Milch	tea tejjel [**tä**ja **täj**·jäl]
Orangensaft	narancslé [narantschleh]
Suppe	leves [**lä**wäsch]
Fisch	hal [hal]
Fleisch	hús [huhsch]
Geflügel	szárnyasok [**ßahr**n-jaschok]
Beilage	köretek [**kö**rätäk]
Gemüse	zöldség [**söl**tschehg]
Mehlspeisen	tészták [**teh**ßtahk]
vegetarische Gerichte	vegetáriánus ételek [**wä**gätahriahnusch **eh**täläk]
Eier	tojás [**to**jahsch]
Salat	saláta [**scha**lahta]
Dessert	desszert [**däß**·ßärt]
Obst	gyümölcs [**djü**möltsch]
Eis	fagylalt [**fa**djlalt]
Wein	bor [bor]
weiß / rot	fehér / vörös [**fä**hehr / **wö**rösch]
Bier	sör [schör]
Wasser	víz [wihs]
Mineralwasser mit / ohne Kohlensäure	szénsavas / szénsavmentes ásványvíz [**ßehn**schawasch / **ßehn**schawmäntäsch **ah**schwahrjwihs]
Limonade	limonádé [**li**monahdeh]
Frühstück	reggeli [**räg**·gäli]
Mittagessen	ebéd [**ä**behd]
Abendessen	vacsora [**wa**tschora]

Ich möchte nur eine Kleinigkeit essen.	Csak valami apróságot eszem. [tschak **wa**lami aprohschahgot **ä**ßäm]
Ich möchte bezahlen.	Fizetni szeretnék. [**fi**sätni **ßä**rätnehk]
Es war sehr gut.	Nagyon finom volt. [**na**djon **fi**nom wolt]

Im Hotel

Ich suche ein gutes / nicht zu teures Hotel.	Egy jó / olcsó szállodát keresek. [ädj joh / **ol**tschoh **ßahl**·lodaht **kä**räschäk]
Ich habe ein Zimmer reserviert.	Egy szobát foglaltak részemre. [ätj **ßoh**baht **fo**glaltak **reh**ßämrä]
Haben Sie ein Doppelzimmer / Einzelzimmer frei?	Van kétágyas / egyágyas szabad szobájuk? [wan **keh**tahdjasch / ädjahdjasch **ßa**bat **ßo**bahjuk]
Mit Dusche und Toilette.	Zuhanyozóval és W.C.-vel. [**su**hanjosohwal ehsch **weh**tzehwäl]
Mit Balkon.	Erkéllyel. [**är**kehj·jäl]
Mit Blick auf den See.	Amelyik a tóra néz. [amelyik a **toh**ra nehs]
Wieviel kostet das Zimmer pro Nacht?	Mennyibe kerül egy éjszakára? [**män**·njibä **kä**rül ädj **ehj**ßakahra]
Mit Frühstück?	Reggelivel? [**räg**·gäliwäl]
Kann ich das Zimmer sehen?	Megnézhetném a szobát? [**mäg**nehshätnehm a **ßo**baht]
Haben Sie ein anderes Zimmer?	Lenne még egy másik szobájuk is? [**län**·nä mehg ädj **mah**schik **ßo**bajuk isch]
Das Zimmer gefällt mir (nicht).	Ez a szoba (nem) tetszik (nekem). [äß a **ßo**bah (näm) **tät**ßik (**nä**käm)]
Kann ich mit Kreditkarte bezahlen?	Fizethetek ezzel a hitelkártyával? [**fi**säthätäk **äs**·säl a **hi**täl-kahrtjahwal]
Wo kann ich parken?	Hol parkolhatok? [hol **par**kolhatok]
Können Sie das Gepäck in mein Zimmer bringen?	Felhozná a csomagokat a szobába? [**fäl**hosnah a **tscho**magokat a **ßo**bahba]
Haben Sie einen Platz für ein Zelt / einen Wohnwagen?	Van még egy sátornak / lakókocsinak hely? [wan mehg ätj **schah**tornak / **la**kohkotschinak häj]

Allgemeines

10 Wege durch Budapest

10 Wege durch Budapest

Editorial

Viele fragen sich in den letzten Jahren, ob es überhaupt noch sinnvoll sei, nach Budapest zu fahren. In eine Stadt, die mit enormen wirtschaftlichen und daraus resultierenden gesellschaftlichen Problemen zu kämpfen hat. Ob es denn überhaupt vertretbar sei, in solch einer Situation fröhlich fotografierend über den Burgberg zu ziehen und abends in den diversen Restaurants mehrgängige Menüs zu verspeisen.

Die Fischerbastei spiegelt sich in der Fassade des Hilton

Die neuesten Zahlen sind deutlich. Über 15 Millionen Menschen besuchen jährlich die Stadt an der Donau; die meisten davon kommen aus Österreich, der Schweiz und Deutschland. Sie ließen sich von Vorurteilen nicht abhalten. Budapest ist nach wie vor eine wundervolle Stadt mit wundervollen Menschen. Wichtig ist, daß man gerade jetzt nach Budapest fährt, auch um Devisen ins Land zu bringen, hauptsächlich aber um teilzuhaben an der fesselnden Atmosphäre in dieser Stadt. Selbst jetzt ist man optimistisch, feiert und freut sich, auch wenn die finanzielle Situation keine häufigen Restaurant-, Kino- oder Konzertbesuche mehr zulässt.

Auf dem Gellértberg blickt Bischof Gellért weithin über Budapest

Wichtig ist auch das Wie des Reisens. Es ist tatsächlich nicht nötig, jeden Abend in überteuerten Touristenlokalen zu schlemmen. Es macht auch keinen Sinn, all die albernen Veranstaltungen à la „Riverboattour by Night“ mit Gulasch und „original hungarian“ Zigeunerkapelle mitzumachen. Wichtig ist, Menschen in Budapest kennenzulernen, sie zu verstehen, mit ihnen zu sein – und vielleicht ein bisschen von ihnen zu lernen. Das ist der eigentliche Reiz, den diese faszinierende Stadt an der Donau schon immer ausübte.

Der Autor

Michael Herl, geboren 1959, lebt als freier Journalist in Frankfurt am Main. Er schreibt regelmäßig Reportagen für verschiedene deutsche Magazine, vorwiegend zu Umwelt- und Sozialthemen. Seit vielen Jahren verbinden ihn Reisen nach Ungarn mit Land und Leuten. Er schrieb auch die Polyglott-Reiseführer „Plattensee“ und „Ungarn“.

Budapest – Weltstadt im Wandel

Seit der Öffnung Budapests im Jahre 1989 hat sich in der Stadt viel getan. Die „Perle an der Donau“ ist nicht mehr nur jene romantische Stadt mit lebenslustigen Menschen, wie jahrzehntelang das Klischee verhieß. Die einst „lustigste Baracke im Ostblock“ ist im Begriff, sich von der verschlafenen, k. u. k. geprägten Metropole zu einer modernen, weltoffenen Millionenstadt zu entwickeln – mit all ihren Vor- und Nachteilen. Gewiss, das „alte Budapest“ kann man immer noch finden. Burgberg, Fischerbastei, Parlamentsviertel oder der Heldenplatz haben sich kaum verändert, der Jugendstil wird sich seine Blüte erhalten, und in den Restaurants wird weiterhin Zigeunermusik gespielt werden. Das ist es, was die Millionen Touristen, die alljährlich nach Ungarn fahren, größtenteils erwarten. Doch Budapest ist mittlerweile mehr. Budapest hat dazugewonnen. An Atmosphäre, an Spannung, an Brisanz. Budapest ist kein bequemes Reiseziel geworden, doch ein sehr interessantes.

Lage und Größe

Budapest liegt im Karpatenbecken, einer Niederung, die von den Karpaten, den Alpen und den südslawischen Höhenrücken begrenzt wird. Die Stadt wird von der Donau zweigeteilt: in das hügelige und großenteils grüne Buda auf der westlichen Seite (dort wo die Burg steht) und das wesentlich größere Pest in der Ebene, wo sich die eigentliche City befindet. Für den kürzeren Urlaub ist nur die Innenstadt von touristischem Interesse. Sie wird in Pest vom Großen Ring begrenzt, in Buda ist dies der Bereich auf dem und rund um den Burgberg. Dennoch sollte sich der „fortgeschrittene“ Budapest-Fahrer auch auf den Weg in die äußeren Stadtviertel machen. Hier ist Budapest noch urwüchsiger, echter, ehrlicher. Budapest ist aufgeteilt in 22 Bezirke, die sich teilweise recht stark voneinander unterscheiden. Anregungen für Touren auch in den weniger bekannten Vierteln werden in diesem Buch gegeben (z. B. der Spaziergang rund um den Moszkva tér).

Klima und Reisezeit

Trotz der Lage am breiten Donaustrom hat Budapest ein typisch kontinentales Klima, also heiße Sommer und kalte Winter. Statistisch gesehen ist der Januar mit durchschnittlich –2 °C der kälteste Monat, doch Temperaturen um –20 °C sind auch keine Seltenheit. Im Juli kann das Thermometer die 30-°C-Marke leicht übersteigen, im Schnitt ist es in diesem Monat rund 22 °C warm.

Problematisch ist im Sommer der Hitzestau in der Stadt, verbunden mit sehr schmutziger Luft. Da helfen oft nur die Flucht hinauf in die Budaer Berge oder stilles Verweilen in einem Biergarten an der Donau.

Die besten Reisezeiten sind Frühjahr und Herbst, da kommen auch die typischen Budapester Farben am besten zur Geltung, zum Beispiel das herrliche Pastellgelb vieler Häuser. Der Hochsommer gehört dem Tourismus, viele Ungarn sind dann im Urlaub. Das hat den Vorteil, dass der Straßenverkehr merklich weniger und ruhiger ist. Budapest im Winter kann auch sehr reizvoll und malerisch sein, denn es ist meist trockenkalt, ideal für lange Spaziergänge mit anschließendem Besuch im Kaffeehaus. Über Weihnachten und Silvester sollte man unbedingt ein Zimmer reservieren.

Umwelt

Budapest kämpft mit den gleichen Problemen wie jede östliche Großstadt nach der Wende. Die Industrieanlagen sind veraltet, ebenso die meisten Autos, Katalysatoren gibt es selten. So knattern immer noch viele Zweitakter durch die Stadt, verfolgt von der bekannten bläulichen Abgasfahne.

Donauschiffe am Kai von Budapest

Mit dem Umweltbewusstsein der Budapester ist es in der Regel nicht weit her, was meist auch wirtschaftliche Gründe hat. Doch die Regierung hat die Probleme erkannt und versucht sie zu lösen. Taxis mit Zweitaktmotor sind zum Beispiel seit 1991 generell verboten, für alle anderen Autos gelten strenge Abgasvorschriften, ähnlich der ASU-Untersuchung in Deutschland. An der Umsetzung jedoch hapert es. Die Prüfplaketten können oft ohne Abgasmessung in den Werkstätten erworben werden, Kontrollen gibt es kaum.

Blick von der Zitadelle auf Buda, Donau und Pest

Die Folge ist in den Sommer- und Wintermonaten häufig ein beißender Smog, der sich wie eine braune Haube über die Stadt legt. Um dieses Phänomen zu beobachten, muss man sich nur hinauf auf den Burgberg stellen, noch drastischer sieht man die Smogglocke von den Budaer Bergen aus. Das blieb natürlich nicht ohne Folgen. So hat sich die Zahl der Asthmakranken seit Mitte der siebziger Jahre verzehnfacht, und die Lebenserwartung der Menschen ist niedriger als im europäischen Durchschnitt.

Umweltschutz kostet Geld, und dieses wird mittelfristig für vermeintlich wichtigere Dinge gebraucht. Wer nicht weiß, wie er im nächsten Monat seine Familie ernähren soll, der wird sich gewiss keinen Katalysator ins Auto einbauen lassen.

Blechbläser einer Altherrenkapelle bei der Probe

Deutlich zurückgegangen ist die Zahl der westlichen Wegwerfverpackungen, mit denen die Großkonzerne nach der Wende das Land überfluteten. Getränkedosen waren „in“, wurden gekauft – und auf die Straße geworfen. Die Brause-Multis interessierte dies wenig, sie spielten in den Weststaaten den Umweltengel, lieferten in den Osten munter weiter. Man vertraut nun auch in Budapest wieder mehr auf heimische Produkte, und die werden meist in Mehrwegflaschen angeboten.

Bis Budapests Umweltschutzmaßnahmen auf EU-Standard sind, wird es gewiss noch lange Zeit dauern. Man ist angewiesen auf viel Geld, und das fließt nur dort, wo Investitionen Gewinn versprechen. Viele abgasgeschädigte alte Gebäude wurden von ausländischen Geldgebern aufwendig saniert – und hinterher für teures Geld vermietet. So ist die Marktwirtschaft, gelegentlich kommt sie sogar der Umwelt zugute.

Bevölkerung

Die Mentalität der Menschen in Budapest ist bewundernswert. Trotz der schwierigen wirtschaftlichen Lage seit der Wende 1989 hat man den Mut nicht verloren. Preise für Lebenshaltung und Mieten steigen, die Arbeitslosigkeit droht, doch hört man selten einen Ton der Klage.

Dennoch hat sich die Grundstimmung etwas verändert. War man einige Jahre nach der Wende noch der Meinung, nun könne es nur noch besser werden, musste man bald erkennen, dass die Lage sich verschlechterte. Das sozialistische Auffangnetz entfiel, heute steht die blanke Armut vor der Tür, gekoppelt mit Obdachlosigkeit und sozialer Verelendung. Am ärgsten davon betroffen sind Randgruppen wie die etwa 100 000 Roma, die in der Stadt leben.

Früher fanden sie in einem der staatlichen Betriebe immer noch einen Job, heute sind sie die Ersten, denen gekündigt wird. Man schätzt, dass jeder zweite Budapester unter dem Existenzminimum lebt. Das einst im Sozialismus geschmetterte proletarische Kampflied „Fel, fel ti rabjai a földnek, fel, fel te éhes proletár...", („Wacht auf, Verdammte dieser Erde, die stets man noch zum Hungern zwingt ...") ist zur bitteren Wahrheit geworden.

Steckbrief

In Budapest leben rund 1,86 Millionen Menschen, das ist zirka ein Fünftel der ungarischen Gesamtbevölkerung. Etwa die Hälfte der Budapester ist römisch-katholisch, ein Drittel protestantisch.

Die niedrigste Stelle der Stadt ist die Donau mit 97 m NN, die höchste der Jánosberg mit 529 m NN. Die Stadt ist aufgegliedert in 22 Bezirke und hat eine Fläche von 525,6 km^2. Pest ist mit 351 km^2 bedeutend größer als Buda mit 174 km^2. 182 km^2 der Stadtfläche sind Wohngebiet, auf 45 km^2 stehen industrielle Anlagen, die Wasserfläche beträgt 30 km^2, Felder, Wälder und Wiesen sind auf 67 km^2 verteilt. Die Donau durchfließt die Stadt in einer Länge von 28 km, im Durchschnitt ist sie 40 m breit und 5–6 m tief.

Wirtschaft

Seit der Wende im Jahre 1989 kämpft die ungarische Wirtschaft ums Überleben. Die großen staatlichen Unternehmen wurden zumeist privatisiert, die Folge war eine „Sanierung" der Betriebe, sprich, ein Großteil der Belegschaft wurde auf die Straße gesetzt. Zusätzlich drängte ausländische Konkurrenz ins Land.

Das riesige Omnibuswerk Ikarusz zum Beispiel, das einst den gesamten Ostblock mit Fahrzeugen belieferte, musste sich an westlichen Unternehmen messen lassen und kann sich nur durch Joint-venture-Produktionen über Wasser halten.

Die Schwerindustrie kam fast vollständig zum Erliegen, Handwerks- und Landwirtschaftsbetriebe arbeiten zu Dumpinglöhnen für westliche Firmen. Ungarn wurde Billiglohnland. So lassen beispielsweise italienische Fabrikanten teure Markenschuhe für niedrige Stundenlöhne hier nähen, andererseits verkaufen deutsche Schuhketten ihre Produkte in Budapester Filialen zu fast dem gleichen Preis wie in München oder Wien.

Ständig steigt die Arbeitslosenquote, einzig die Inflation konnte man durch einige Kunstgriffe vorübergehend etwas bändigen. Man klammert sich in Ungarn an die vage Hoffnung, irgendwann der Europäischen Union beitreten zu können.

Realistisch gesehen ist jedoch in absehbarer Zeit nicht mit einem EU-Beitritt Ungarns zu rechnen. Das kleine Land hat wenig, was der großen Gemeinschaft nutzen könnte. Kein Öl, kein Know-how, keine starke Währung.

Einzig die Tourismusbranche boomt. Über 15 Millionen Besucher jährlich pilgern durch die Gassen der Budaer Altstadt, 5 Millionen davon sind Deutsche, Schweizer und Österreicher. Ihre Aufenthaltsdauer beträgt im Schnitt 7 Tage. Diese Einnahmen sind überlebenswichtig für die Budapester; besonders erfreulich ist die Tatsache, dass über 90 Prozent der Besucher nicht in großen Hotels internationaler Konzerne absteigen, sondern in Privatpensionen nächtigen. Dann bleibt das Geld dort, wo es hingehört, nämlich in den Taschen der Einwohner.

Dass Ungarn trotz dieser Negativbilanz unter den einstigen Ostblockstaaten mit am besten abschneidet, gibt Anlass zu Hoffnung. Eine schwere Hypothek sind natürlich die ererbten Strukturen und die bei der Wende vorgefundene gesamtwirtschaftliche Lage – vor allem die zerrütteten Staatsfinanzen und die hohe Verschuldung. Den Tiefpunkt seiner Rezession hat Ungarn jedoch, so hoffen die Konjunkturforscher, im Jahr 1996 durchschritten. Wichtigste Aufgabe der Wirtschaftspolitik wird nun sein, die Lücken in der Handelsbilanz zu schließen und das hohe Zahlungsbilanzdefizit abzubauen.

Unterhaltung, Spiel und Müßiggang im Stadtwäldchen

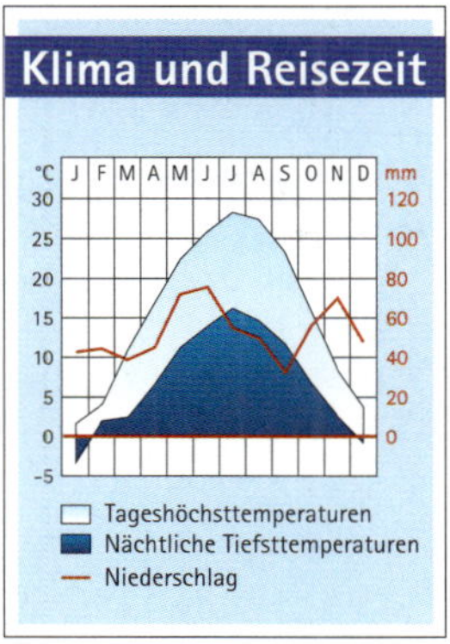

Literaturtipp

Ungarn ist im Wandel, auf dem Sprung vom sozialistischen Staat in eine Gesellschaft westlicher Prägung. Wer mehr über die Menschen, ihre Situation und ihr Land erfahren möchte, dem sei das Buch „Polyglott Land & Leute Ungarn" zur Lektüre empfohlen.

Geschichte im Überblick

5000 v. Chr. In der Jungsteinzeit beginnen Einwanderer aus dem Balkan mit Ackerbau und Viehzucht und dem Töpfern.

600 v. Chr. Die Skythen, ein Nomadenvolk aus der Schwarzmeerregion, lassen sich nieder, ebenso die Illyrer.

400 v. Chr. Keltische Erawisker erobern die Region und vermischen sich nach langen Kämpfen mit den Skythen und den Illyrern.

10 v. Chr. Die Römer dringen ein und gründen unter Kaiser Tiberius die Provinz Pannonia.

194 Aquincum, die Römerstadt beim heutigen Óbuda, wird unter Kaiser Septimius Severus zur Colonia erklärt und hat über 30 000 Einwohner.

409 Mit dem Vertrag von Ravenna zerfällt das Römische Reich. Die Hunnen unter König Attila vertreiben die Römer, ziehen sich aber 50 Jahre später wieder zurück.

567 Die Awaren, ein asiatisches Reitervolk, fallen ein, drängen nach Westen bis Thüringen.

803 Kaiser Karl der Große zerschlägt das Reich der Awaren, erste slawische Siedler lassen sich im heutigen Budapest nieder.

896 Die Magyaren, ein Nomadenvolk, kommen aus dem mittleren Ural und erobern unter Führung des legendären Árpád das Land. Sie lassen sich am rechten (Budaer) Donauufer nieder.

Dieses Datum, die „Landnahme", gilt heute als Geburtsjahr Ungarns.

1001 Stephan I., ein Nachkomme Árpáds, wird zum ersten König Ungarns gekrönt.

1222 Die Rechte des Adels werden in der „Goldenen Bulle" von König Andreas II. wesentlich erweitert.

1242 Im Februar brennen die Mongolenscharen Batu Khans Pest und Buda nieder und ziehen weiter.

1308 Karl I. (Caroberto) aus dem Hause Anjou wird zum König gekrönt und verlegt seine Residenz nach Visegrád.

1347 Unter König Ludwig I. „dem Großen" wird Buda wieder Königsstadt und gelangt zu wirtschaftlicher Blüte.

1387 Sigismund von Luxemburg wird König von Ungarn und 1433 auch Kaiser des Heiligen Römischen Reiches Deutscher Nation.

1446 Feldherr János Hunyadi wird zum Reichsverweser bestellt. Er kann die angreifenden Türken abwehren.

1458 Matthias Corvinus, Hunyadis Sohn, wird in der Matthiaskirche zum König gekrönt. Ungarn entwickelt sich zu einem Zentrum der Renaissance.

1514 Ein Bauernaufstand gegen die Unterdrückung durch den Adel wird blutig beendet.

1526 Die Türken unter Sultan Süleiman II. zerstören Buda, ziehen aber wieder ab.

1541 Süleiman II. „der Prächtige" greift erneut an und besetzt die Stadt. Die Türken setzen sich für 145 Jahre fest. Moscheen und Bäder werden gebaut, viele Einwohner versklavt.

1686 Das deutsch-österreichische Heer unter Karl von Lothringen erobert die Stadt. Die Habsburgerherrschaft beginnt und damit die Unterdrückung der ungarischen Bauern und des niederen Adels. Buda und Pest werden wieder aufgebaut.

Viele deutsche Händler und Handwerker lassen sich nieder.

1703 Fürst Ferenc Rákóczi II. erzielt mit seinem Bauernheer beachtliche Erfolge im Kampf gegen die Habsburger.

1710 Nachdem Russland und Frankreich Rákóczi ihre Unterstützung verweigert haben, wird der Aufstand niedergeschlagen.

1730 In Buda erscheint die erste deutschsprachige Zeitung, der „Ofnerische Mercurius".

1741 Maria Theresia wird Königin von Ungarn. Sie richtet u. a. 1752 einen Postkutschendienst nach Wien ein.

1766 Die erste Schiffsbrücke zwischen Buda und Pest wird gebaut.

1780 Maria Theresias Sohn Joseph II. wird Thronfolger. Vier Jahre später führt er Deutsch als Amtssprache ein.

1802 Die Széchenyi-Bibliothek und das Ungarische Nationalmuseum werden gegründet.

1838 Bei einem Hochwasser sterben fast 70 000 Menschen, große Teile beider Städte werden überflutet.

1848 Der Dichter und spätere Volksheld Sándor Petőfi und die „Märzjugend" rufen durch das öffentliche Zitieren des „Nationalliedes" und der Proklamation der „Zwölf Punkte" die „Märzrevolution" aus.

1849 Die Habsburger schlagen mit Hilfe des zaristischen Russland den Freiheitskampf nieder, Sándor Petőfi fällt.

1851 Ignác Semmelweis entdeckt den Erreger des Kindbettfiebers.

1867 Österreich-Ungarischer Ausgleich, die Doppelmonarchie entsteht. Franz Joseph I. und Elisabeth („Sisi") werden in der Matthiaskirche zum Königspaar von Ungarn gekrönt. Graf Andrássy wird ungarischer Ministerpräsident.

1873 Die Städte Buda, Pest und Óbuda werden zur Hauptstadt Budapest vereinigt.

Matthias I. Corvinus, König von Ungarn und Förderer der Renaissancekultur

Der mystisch verehrte Gründer Ungarns, der hl. Stephan

Ab 1876 Der Große Ring wird gebaut, ferner das Parlament, der Westbahnhof, die Zentrale Markthalle, die Franz-Josephs-Brücke und die „Kleine U-Bahn".

1884 Die antisemitische Partei zieht mit 17 Abgeordneten ins Parlament ein. Eröffnung des Ostbahnhofs und des Opernhauses.

1896 Große Feierlichkeiten anlässlich des 1000. Jahrestages der Landnahme. Das Parlamentsgebäude wird eingeweiht.

Ab 1900 Wachsende Unzufriedenheit der Arbeiter. Es kommt zu Massenkundgebungen und Aufständen.

1914 Erster Weltkrieg. Unter den Fahnen der Habsburger zieht Ungarn mit Hurra, aber schlecht ausgerüstet, in den Kampf. 380 000 Soldaten fallen.

1918 Die Doppelmonarchie zerfällt, in Ungarn wird die Republik ausgerufen.

1919 Ungarn wird für 133 Tage Räterepublik. Rumänische Truppen besetzen Budapest.

1920 Reichsverweser Miklós Horthy zieht auf einem weißen Pferd in Budapest ein, lässt 5000 Anhänger der Räterepublik ermorden und 70 000 inhaftieren.

Um 1930 Hohe Arbeitslosigkeit, Aufkommen einer faschistischen Bewegung.

1941 Kriegseintritt Ungarns an der Seite Hitler-Deutschlands. Zunehmender Antisemitismus.

1944 Versuch der Loslösung von Deutschland. Einmarsch deutscher Truppen in Budapest. Deportierung der jüdischen Bevölkerung. Annähernd 500 000 ungarische Juden sterben.

1945 Die Deutschen sprengen alle Brücken. Schwere Schäden durch amerikanische Bombenangriffe. Befreiung durch sowjetische Truppen.

1946 Ungarn wird Republik. Instandsetzung der Freiheitsbrücke.

1949 Ungarn wird Volksrepublik.

1953 Imre Nagy wird ungarischer Ministerpräsident, bleibt aber nur bis 1955 im Amt.

1956 Am 23. Oktober Volksaufstand. Schwere Kämpfe in der Stadt. Blutige Niederschlagung durch sowjetische Streitkräfte mit Panzern. János Kádár bildet eine neue Regierung.

1958 Imre Nagy wird als Hochverräter hingerichtet.

Ab 1960 Das Land wird zunehmend liberaler. Wirtschaftlicher Aufschwung durch starke Auslandsverschuldung.

1987 Die Inflation galoppiert, der Lebensstandard in der Stadt sinkt. Erste große Demonstrationen seit 1956.

1989 Öffnung der Grenzen zu Österreich. Imre Nagy und seine Mitkämpfer werden exhumiert und feierlich bestattet. Im Oktober wird die Republik Ungarn proklamiert. DDR-Bürger dürfen durch Ungarn in die BRD fliehen.

1990 Freie Wahlen. Das Ungarische Demokratische Forum (MDF), die Kleinlandwirtepartei (FKGP) und die Christdemokraten (KDNP) bilden eine Regierungskoalition. Ministerpräsident wird József Antall (MDF).

Ab 1990 Der Lebensstandard sinkt. Arbeitslosigkeit und Mieten steigen, Politikverdrossenheit macht sich breit.

1993 Am 12. Dezember stirbt József Antall. Neuer Ministerpräsident wird Péter Boross.

1994 Gyula Horn von der sozialistischen MSZP wird zum Ministerpräsidenten gewählt.

1998 Radikaler politischer Umschwung. Die Parlamentswahlen gewinnt der 36jährige Viktor Orban von der rechtsliberalen FIDESZ-MPP. Er wird Ministerpräsident.

Volksaufstand 1956

Der 23. Oktober 1956 begann normal. Eine erst verbotene, dann genehmigte Studentendemonstration am Petőfi-Denkmal, der sich Tausende anschlossen.

Aus der Sympathiekundgebung für Polen wurde eine Massendemonstration für die eigene Freiheit. Gegen Abend waren es viele Zehntausende, die Richtung Parlament zogen. Sogar Militärs und Polizisten waren unter den Demonstranten. Sie besetzten den Rundfunk, stürzten das Stalin-Denkmal am Heldenplatz. Eine Revolution begann, der erste bewaffnete Aufstand in einem sozialistischen Land Osteuropas.

Gegen Abend kam es zu ersten Gewalthandlungen. Die Männer des Staatsschutzes ÁVH feuerten in die Menge, plötzlich rollten auch die ersten Sowjetpanzer an. Polizei und ungarisches Militär hatten sich geweigert, gegen die eigenen Landsleute zur Waffe zu greifen. Doch die Revolutionäre bewaffneten sich ebenfalls, eroberten sogar Panzer und trotzten der Übermacht, es kam zu Straßenkämpfen. Gegen Morgen zogen sich die Sowjetsoldaten zurück. Zum Ministerpräsidenten ernannt wurde um 8.15 Uhr erneut Imre Nagy, ein weiser Intellektueller und Reformkommunist.

Ungarn trat aus dem Warschauer Pakt aus und bat die UNO um Unterstützung gegen das drohende zweite Eingreifen der Sowjetarmee. Vergebens. Am 4. November hatte die Sowjetarmee Verstärkung erhalten. Ein achttägiger Kampf um die Stadt begann, die Revolutionäre hatten keine Chance.

Tausende fielen, die genaue Zahl ist nie bekannt gegeben worden. Imre Nagy wurde unter Zusicherung von freiem Geleit aus der jugoslawischen Botschaft gelockt, dann jedoch verhaftet und am 16. Juni 1958 gehenkt. Begraben liegt er heute in der „Parzelle 301“ auf dem Friedhof Rákoskeresztúr (siehe Weg 9).

1956 verbrennen Aufständische die Porträts des ehemaligen Parteichefs Mátyás Rákosi

Zurückgelassener sowjetischer Panzer in den Straßen Budapests während des Volksaufstands 1956

Straßennamensänderungen dokumentieren den politischen Umbruch von 1989

Kultur gestern und heute

Architektur

Einflüsse von außen

Jahrhundertelang waren Buda, Pest und Óbuda von fremden Mächten besetzt, nie konnte sich eine eigene, rein ungarische Kultur entwickeln. Einflüsse von außen waren unvermeidbar, ob in der Architektur, der Sprache, der Musik oder der Malerei. Schon die Römer brachten eine hohe Kultur in die Stadt Aquincum, schufen z. B. künstlerische Mosaiken oder versahen ihre Häuser mit Fußbodenheizungen.

Im 13. Jh. fand die Gotik Eingang in die Architektur. Beispiele dafür sind die gotischen Sitznischen in den Torgängen der alten Häuser auf dem Burgberg, die einst Nachtwächtern zum Ausruhen dienten. Viele Bauten haben gotische Elemente, z. B. die Matthiaskirche oder das Wohnhaus auf dem Burgberg in der Tárnok utca 14.

König Matthias hatte sich im 15. Jh. der Renaissance verschrieben. Er veranlasste den Bau vieler Gebäude in diesem Stil; die meisten wurden von den Türken zerstört oder umgestaltet.

Die Türkenzeit

Auch die Türkenzeit im 16. und 17. Jh. hinterließ Spuren, vor allem in Budapest. Am meisten erinnern die moscheeartigen Heilbäder mit ihren Kuppeln an diese Zeit (s. Kap. „Bäderstadt Budapest“). Auch die Kaffeehäuser, die nach 1900 ihre Blüte hatten, gehen auf türkische Einflüsse zurück. Nach der Vertreibung der Türken kam die große Zeit des Barock. Unzählige Gebäude wurden in diesem Stil errichtet, z. B. das Budaer Rathaus oder die Innerstädtische Pfarrkirche in Pest.

Dichtung und Musik

Im 18. Jh. entwickelte sich in Auflehnung gegen die Habsburger erstmals eine nationale ungarische Kultur. Die erste ungarischsprachige Zeitung erschien, das Budaer Burgtheater wurde eröffnet und spielte ungarische Stücke, 1810 wurde das Ungarische Nationalmuseum gegründet.

Kampf um nationale Eigenständigkeit

Im Vorfeld der Revolution von 1848 machte sich der Wunsch nach nationaler Eigenständigkeit breit. Dichter wie Sándor Petőfi, Mihály Vörösmarty oder János Arany wurden mit ihren patriotischen, aber hochlyrischen Werken zu gefeierten Volkshelden. Zu der Zeit entstand auch eines der wichtigsten Werke ungarischer Literatur, *Bánk bán* von József Katona, ein historisches Drama in ungarischer Sprache, das von der Zensur verboten wurde. Das Werk „Die Tragödie des Menschen“ von Imre Madách nimmt noch heute in der ungarischen Literatur den gleichen Platz ein wie Goethes *Faust* in der deutschen.

> **Programm mit Pfiff**
>
> Die Budapester Oper verschickt halbjährlich einen aufwendig gestalteten Opernführer mit Informationen zum Programm des Hauses und des Erkel-Theaters. Magyar Allami Operaház, Budapest VI, Andrássy út 20. Tel. (0036) 1/33279017.

Gegen Ende des Jahrhunderts taten sich die Komponisten hervor. Franz Liszt führte in der Matthiaskirche die Krönungsmesse auf und gründete mit Ferenc Erkel die Musikakademie. Joseph Haydn weilte oft in der Stadt.Anfang des 20. Jhs. war Budapest ein wichtiger Kristallisationspunkt ungarischer und europäischer Kultur. Der Jugendstil feierte Triumphe in der Baukunst. Gerade waren anlässlich der Millenniumsfeiern (1896) die Oper, das

Nationaltheater, das Lustspieltheater und die Redoute fertig geworden.

Zentrum europäischer Kultur

Viele Künstler „Kakaniens", wie Robert Musil das k. u. k. Reich bezeichnete, ließen sich in der Stadt nieder, trafen sich in Klubs zum Disputieren und Feiern. 1908 gründete der Lyriker Endre Ady die Zeitschrift *Nyugat*, die viele Jahre lang das literarische Leben in der Donaustadt prägte. Das Kaffeehaus New York war Treffpunkt der Schöngeister. Auch die Operette fand immer mehr Freunde. Emmerich Kálmán wurde zum Liebling des Volkes, die „Csárdásfürstin" füllte alle Häuser.

Stagnation und Unterdrückung

Nach Auflösung der k. u. k. Monarchie 1918 verlor Ungarn auch kulturell den Anschluss an den Westen. Wohl wurde 1925 der ungarische Rundfunk gegründet, auch die gut 500 Kaffeehäuser hatten wieder Zulauf. Doch es war nur ein Zwischenhoch. In den dreißiger Jahren verließen viele Künstler und Intellektuelle angesichts des drohenden Faschismus das Land, andere, wie der Arbeiterdichter Attila József, der Lyriker Gyula Illyés oder der Romancier und Dramatiker László Németh versuchten, dagegen anzuschreiben. Vergebens. Im Zweiten Weltkrieg wurden viele der nicht emigrierten jüdischen Künstler ermordet, so der Dichter Miklós Radnóti, der seine schrecklichen Erlebnisse während der Verschleppung im Gedicht *Gewaltmarsch* beschrieb.

Stalinistische Gleichschaltung

In der Nachkriegszeit konnte sich kein ernstzunehmendes kulturelles Leben mehr entwickeln. Bald wurden Zeitungen und Zeitschriften verboten, und die politische Gleichschaltung wirkte sich auch in der Literatur aus. Gefordert war der sogenannte sozialistische Realismus und Themen aus der Arbeitswelt. Bedeutende Autoren flüchteten in historische Stoffe, verdingten sich als Übersetzer französischer und russischer Klassiker oder verstummten. Einige

Operettenkönig Emmerich Kálmán, Schöpfer der „Csárdásfürstin" und der „Gräfin Mariza"

Das von den Türken um 1570 erbaute Király-Bad in der Fő utca

Jugendstil in Budapest

In der Zeit um die Jahrhundertwende stand Budapest auf dem Kopf. Gerade erst hatte man die 1000-Jahr-Feiern hinter sich gebracht, pompöse Bauten wie das Parlament, der Westbahnhof, die Elisabethbrücke, die Andrássy út und der gesamte Große Ring waren entstanden. Den Menschen ging es gut, besonders in intellektuellen Kreisen herrschte Hochstimmung, alles schien möglich.

Logisch, dass auch in der Achitektur versucht wurde, alles anders zu machen; Budapest war ein idealer Nährboden für die Baukünstler. Gerade zu der Zeit schwappte aus Westeuropa ein neuer Baustil herüber ins kleine Ungarn. In Frankreich hieß er „Art Nouveau", in Italien „Stile de Liberty", in Deutschland „Jugendstil". In Budapest nannte man ihn wie in Wien „Sezessionsstil". Bedingt durch die immer stärker werdende Abnabelung vom Habsburgerreich aber trieb man in Budapest das Spiel mit dem neuen Stil auf die Spitze. Das Geld war da, die Köpfe der Architekten steckten voll mit neuen Ideen, die Bauherren machten das Spiel mit.

Dreh- und Angelfigur des Sezessionsstils war Ödön Lechner (1845–1914). Lechner hatte auf Reisen u. a. nach England orientalische und osmanische Baukünste studiert und war fasziniert davon. Lechner war nicht nur Architekt, Lechner war Künstler, und er ließ Elemente der nahöstlichen Kunst in seine Arbeit einfließen. Er tat es, wie etwa Jahrzehnte später John Lennon, der nach langen und intensiven Asienreisen indische Elemente in die Musik der Beatles einbrachte.

Neben vielen anderen weisen drei Gebäude exemplarisch die Lust des Architekten am Experiment auf: das Geologische Institut, das Kunsthandwerksmuseum und die Postsparkasse im Regierungsviertel. Sie alle sind um die Jahrhundertwende entstanden und zeigen – nach gründlicher Restaurierung – in köstlicher Weise des Meisters Flausen. Die Fassade des Kunsthandwerksmuseums mit den bunten Zsolnay-Kacheln ist eine Mischung von Einflüssen aus Indien, Italien und Ungarn, ein Spiel bunter Farben, die Realisierung eines Traums. Lechners Meisterwerk ist die Postsparkasse, die er von 1899 bis 1902 baute. Auch hier ließ man Lechner freie Hand, der ließ seinen Ideen freien Lauf, deckte das Dach vierfarbig, ließ gelbe Majolika-Wellen über den Giebel schwappen, geschmückt mit bunten Bienen, Blumen, Engeln und türkischen Turbanen. Ein geniales Sammelsurium, ein Zeugnis des damaligen Lebensgefühls.

Viele machten es ihm nach. Es entstanden Wohnhäuser mit verspielten Giebeln und Fenstern, verschnörkelte Dampfbäder, bunte Elefantenhäuser im Zoo (siehe Weg 7). In der Nachfolge Lechners nahm Károly Kós Motive der siebenbürgischen bäuerlichen Bauweise auf. Sogar vor den Friedhofstoren machte die neue Mode nicht halt. Lechners bedeutendster Schüler Béla Lajta schuf auf dem Jüdischen Friedhof einige herrliche Werke, darunter das berühmte Schmidl-Mausoleum (siehe Weg 9). Obwohl Ödön Lechner und seine Sezessions-Kollegen das Stadtbild Budapests entscheidend prägten, durften sie nur kurze Zeit wirken. Schon bald nach der Jahrhundertwende war der Traum aus, die Bauherren hatten genug von kühnen Gedanken und bunten Farben. Man baute nun im Stil des Neobarock, Lechner war bald vergessen, und keiner folgte ihm nach. Was blieb, sind eine Vielzahl steinerner Traumgebilde, Beweise dafür, daß Architektur nicht nur dazu da sein muß, den Menschen ein Dach über den Kopf zu bauen.

verlegten unter Pseudonym im Ausland, andere veröffentlichten im Eigenverlag. Bekannt wurden die Beschreibung der Arbeitsbedingungen in einer Landmaschinenfabrik von Miklós Haraszti und der Roman *Der Besucher* von György Konrád, der auch im Ausland erschien und verfilmt wurde.

Über die Architektur des Sozialismus braucht man nicht viele Worte zu verlieren, die Plattenbausiedlungen an der Peripherie der Stadt sprechen ihre eigene Sprache. Prestigeobjekte wie das viel gerühmte Hilton Hotel auf dem Burgberg sind höchst umstritten. Seit den achtziger Jahren hat sich um den Architekten Imre Makovecz eine neue Schule der ungarischen Architektur herausgebildet.

Kreatives bei Rock- und Popmusik

In der Rock- und Popmusik zeichnete sich aber eine interessante Entwicklung ab. Westliche Einflüsse wurden aufgesogen, Ungarn war zusammen mit der ČSSR das Mekka der Gegen-Jugendkultur. Besonders in den Achtzigern machten sich Punk-Bands wie *Die rasenden Leichenbeschauer* im gesamten Ostblock einen Namen, der Budapester Piratensender *Tilos* (Verboten) gewann mit einem anspruchsvollen Programm viele Stammhörer.

Nach der Wende: Kultur kostet Geld

Nach der Wende war alles erlaubt und vieles dadurch uninteressant. Kultur wurde für viele unerschwinglich, Bücher kosten plötzlich viel Geld und das Lesen kommt mehr und mehr zugunsten des Fernsehens aus der Mode. Moderne Schriftsteller wie György Dalos, Péter Nádas oder Péter Esterházy veröffentlichen zunehmend bei ausländischen Verlagen.

Ähnlich ist die Situation im Theater, in der Oper und beim Film. Auch die Budapester Jazzszene ist fast zum Erliegen gekommen, denn die Konzerte in den Klubs sind viel schlechter besucht als früher.

Ein besonders gelungenes Jugendstilwerk auf dem Jüdischen Friedhof ist das Schmidl-Mausoleum von Lechners Schüler Béla Lajta

Feste und Veranstaltungen

Januar

Im Januar finden viele Bälle der Ungarndeutschen statt, z. B. der *Bindelball* in der Hochschule für Wirtschaftswissenschaften, wo sich die Besucher traditionell ein „Bündel“, gefüllt mit Essen und Trinken, mitbringen.

Februar

Fasching wird in Ungarn auch mit Bällen gefeiert. Jede Berufsgruppe und jede nationale Minderheit veranstaltet ihren Ball. Am besten besucht sind die Bälle der Ärzte, der Schwaben, der Journalisten und der Juristen.

März

Das *Budapester Frühlingsfestival* lockt alljährlich Tausende von Besuchern an. Aufgeführt werden Opern, Theaterstücke, Klassische Konzerte, Jazz- und Popkonzerte.

Der 15. März, *Gedenktag der bürgerlichen Revolution von 1848,* war auch schon in der sozialistischen Ära Feiertag. Man zieht zu den diversen Gedenkstätten.

April

Ostern wird in Ungarn traditionell gefeiert. Üblich ist ein alter Fruchtbarkeitsbrauch: Junge Männer klopfen bei Mädchen an die Tür, besprühen sie mit Parfüm und erhalten dafür ein Osterei oder einen Trunk.

Der 4. April war bis 1990 Feiertag, denn am 4. April 1945 befreite die Rote Armee die Stadt von den deutschen Nazis. Im allgemeinen Veränderungswahn wurde er allerdings abgeschafft.

Mai

Noch immer ist der 1. Mai, der *Tag der Arbeit,* ein Feiertag. Statt des früheren Maiaufmarschs trifft man sich nach alter Tradition im Stadtwäldchen zum Picknick.

Juni

Nach bestandener *Abiturprüfung* ziehen die Abiturienten singend durch die Stadt *(ballagás)* und treiben allerlei Schabernack.

Juli

Die Saison der *Freilichtkonzerte* beginnt, besonders auf der Bühne der Margareteninsel. Mitte des Monats fängt das *Budapester Jazzfestival* an.

August

Der 20. August ist der St.-Stephans-Tag, der zu Ehren König Stephans mit einem großen Feuerwerk gefeiert wird. Am besten kann man es vom Burgberg aus sehen, man sollte aber schon nachmittags dort sein, um einen guten Platz zu bekommen. Vor der Wende feierte man zu diesem Datum den *Tag der Verfassung.*

September

Am 25. September beginnen die *Budapester Kunstwochen* mit anspruchsvollen klassischen Konzerten.

Oktober

Der 23. Oktober ist Feiertag zum Gedenken an die *Revolution von 1956.* Der Oktober ist der Monat der Museen, alle Museen zeigen besondere Ausstellungen.

November

Allerseelen ist Feiertag und in Ungarn wichtiger als in Deutschland.

Dezember

Weihnachten wird auch mit Christbaum und Geschenken gefeiert. Zum traditionellen Weihnachtsessen gehören Karpfensülze, Kohlrouladen (in manchen Gegenden auch andere Festspeisen) und ein Gebäck namens *beigli,* eine mit Walnuss oder Mohn gefüllte Hefeteigrolle.

Aus Küche und Keller

Borstenvieh und Schweinespeck …

Die bekannte Operettenmelodie ist immer noch Programm in der ungarischen und Budapester Küche. Borstenvieh und Schweinespeck dominieren auf den Speisekarten der Restaurants und erst recht am heimischen Herd.

Das Essen in Ungarn ist fetthaltig und schwer verdaulich, damit muß man leben, wenn man in Budapest seinen Urlaub verbringt. Gewiß gibt es gerade in letzter Zeit auch Versuche, die Küche auf leicht und modern zu trimmen, doch überzeugend kann das nie sein, denn zur ungarischen Küche gehört nun mal das Schweineschmalz.

Mit viel Zwiebeln und Paprika

Als Geschmacksträger bringt sie die Zwiebeln zur Geltung und den Paprika sowieso. Dies muß nicht heißen, daß in Budapest überall schlecht gekocht wird. Topmodels und Vegetarier kommen vielleicht nicht auf ihre Kosten, doch der mitteleuropäische Durchschnittsesser kann seine kulinarische Freude erleben. Er muss nur darauf achten, wo er einkehrt.

Internationales aus der Tiefkühltruhe

In Budapest schießen seit der Wende im Jahre 1989 immer mehr Restaurants aus dem Boden. Viele bieten mindere Qualität zu hohen Preisen, manche sind nur Geldwaschanlagen der diversen Mafias. Das Personal am Herd wird noch lange üben müssen, um wirklich Genießbares zu servieren. „Gekocht" wird vornehmlich mit Friteuse und Mikrowelle, die Zutaten kommen aus der Tiefkühltruhe. Meist versucht man sich

Beim Feiern im Freien schmeckt deftige Kost am besten

Mit diesen Zutaten gelingt jedes Fest

Ungarische Trachten werden nicht nur als Attraktion für Touristen getragen

in ausländischen Kochkünsten, also chinesisch, italienisch oder griechisch. Dies wird den vernünftigen Urlauber wenig tangieren, denn wer in Budapest eine Pizza isst, ist selber schuld. Das gilt hier wie in England oder Griechenland.

Budapest ist nun mal die ungarische Hauptstadt, und in Ungarn isst man einfach ungarisch. Besucht man eines der alteingesessenen Restaurants, kann man keinen Fehler machen. Gewiss schwankt auch dort die Qualität, doch das liegt eher an der schlechten Laune des Kochs.

Kritisch wird es bei den vielen Touristenlokalen der Innenstadt. Zu empfehlen sind nur wenige (s. S. 24 f.). Prinzipiell gilt: Lokale, die Lasagne und Nasi-Goreng neben *pörkölt* und der Fischsuppe *halászlé* bieten, haben in der Regel nicht das Ziel, dem Gast ein lukullisches Vergnügen zu bereiten, sondern ihm den Geldbeutel zu leeren.

Die Budapester Salami

Besonders preiswert erhält man die berühmte Budapester Herz-Salami direkt ab Fabrik an der Gubacsi út. Der dortige Laden hat zu den üblichen Geschäftszeiten geöffnet. Eine Führung durch den Betrieb ist auch möglich.

Eintopfgerichte als Klassiker

Ansonsten gilt die Faustregel, nach der ein Restaurant mit großer Speisekarte wenig Gutes erwarten lässt. Wer 127 Speisen anbietet, verschafft der Mikrowelle Dauerstress. Letzteres ist leider häufig der Fall, wobei zu sagen ist, dass sich die ungarische Küche für solchen Unfug relativ gut eignet. Oft wird aber auch noch frisch gekocht. Klassiker der ungarischen Küche sind die Eintopfgerichte. So zum Beispiel *lecsó* (sprich: Letscho), ein Gericht aus Zwiebeln, Tomaten, Paprika und *kolbász*, einer geräucherten Schweinswurst. Eine lange Tradition haben auch die diversen Arten von *pörkölt*. Sie sind das, was man hierzulande unter Gulasch versteht. Pörkölt wird vom Rind, Kalb, Huhn, Kaninchen, Schwein, Hammel oder vom Wildschwein zubereitet. Gleiches mit saurer Sahne zubereitet nennt man übrigens *paprikás*.

Un so wird ungarisch gekocht

Schweineschmalz, Zwiebeln, Paprikapulver, eventuell Paprikaschoten, je nach Geschmack auch Tomaten gehören immer dazu. Die Zwiebeln werden im heißen Fett kräftig angeröstet (bei Rind, Hammel und Wild) oder glasig gebraten (bei allen anderen Fleischarten). Dann reduziert man die Hitze und gibt das Paprikapulver dazu, das nicht verbrennen darf, weil es sonst bitter wird. Sofort wird etwas warmes Wasser angegossen.

Ein *pörkölt* von Rind, Schwein oder Hammel sollte mindestens zwei Stunden auf kleiner Flamme köcheln. Nicht zuviel Wasser auf einmal zugeben, lieber mehrfach nachgießen. Traditionell wird es dann mit einer Mehlschwitze aus Schweineschmalz leicht gebunden und mit Kartoffeln, Reis oder Nockerln serviert. Wer's leichter mag, der kocht von Anfang an einige klein gewürfelte, mehlige Kartoffeln mit. Sie lösen sich fast völlig auf und machen die Soße durch ihre Stärke sämiger.

Früher köchelte ein *pörkölt* von Schwein, Rind oder Hammel stundenlang auf dem Herd und wurde dabei immer besser.

Tipp Ein guter Tipp der „neuen ungarischen Küche“ ist übrigens die Zugabe von Paprikastreifen erst kurz vor dem Servieren, so daß sie noch bissfest und farbig bleiben.

Eine weitere traditionelle Köstlichkeit sind die vielen Braten der ungarischen Küche. Der Jungfernbraten *(szűzpecsenye)* vom jungen Schwein etwa, nach der Bozsoker Art mit Schweinemett gefüllt. Oder der Rostbraten *(rostélyos)*, der in verschiedensten Variationen zubereitet wird, immer aber auf einem Lendenstück oder Roastbeef basiert. Die bekanntesten sind der Hortobágyer Rostbraten (mit einem Griesskloß und vielen Kräutern) oder der Rostbraten nach Fürst Esterházy mit einer Soße aus Sauerrahm und Senf.

Vorzügliche Wildgerichte

In vielen Budapester Restaurants werden Wildgerichte serviert. Das Fleisch stammt meist aus Ungarn, beim Verzehr muss man keine Bedenken haben. Wild wird in der Regel geschmort und mit einer dunklen, dicken Soße serviert. Aus den Zeiten der Doppelmonarchie stammt das Wiener Schnitzel. Es muss hauchdünn sein, dick paniert, selbstverständlich vom Kalb und in viel Schweineschmalz zubereitet. Leider gehen selbst Spitzenrestaurants immer häufiger dazu über, das Wiener Schnitzel in der Friteuse zuzubereiten, erkennbar an der gleichmäßigen Bräunung des Fleisches. Dabei wird fast immer minderwertiges Fett verwendet.

Tierquälerei für Gänseleber

Eine Unsitte ist es auch, das Schnitzel mit Gänsestopfleber zu füllen. In großen Fabriken schiebt man den Tieren mehrmals täglich ein Metallrohr durch den Hals und pumpt ihnen ein fettes Futtergemisch in den Magen. Da Gänse keinen Brechreflex haben, müssen sie dieses „Futter" bei sich behalten und erleiden schreckliche Qualen. Sie werden krank, kriegen eine bleiche, quallige Fettleber, die fünfmal größer wird als normal. Dieses Organ gilt dann als Delikatesse und wird im Ausland auf den Markt geworfen.

Der Fisch muss frisch sein

Sehr beliebt sind die Süßwasserfische. Kein Risiko geht man in den zahlreichen klassischen Fischrestaurants oder in stark frequentierten Lokalen ein. Lassen Sie sich den Fisch vor der Zubereitung zeigen! Sind die Augen klar und die Kiemen hellrot, ist der Fisch frisch. Als Delikatesse gilt der *fogas*, der Zander aus dem Plattensee. Karpfen,

Ungarisches Essen ist reich- und fleischhaltig

Wels und Stör sind ebenfalls hervorragend, am besten vom Grill, nur mit frischem Brot und Salat. Oft werden auch Filets fritiert und mit Sauce tatare, einer Art Remoulade, serviert.

Ein Wort zur *halászlé,* der berühmten Fischsuppe, die mehr als eine Suppe ist. Traditionell wird sie aus mehreren Fischsorten und aus Zwiebeln, Paprika und Tomaten zubereitet. Es gibt viele Varianten, eigentlich kann jeder Süßwasserfisch darin Verwendung finden. Sie ist nicht jedermanns Sache, da jeder Fisch nur so frisch schmecken kann wie das Wasser, aus dem er kommt. So gerät die Suppe manchmal recht dumpf im Geschmack, was das üppig verwendete Paprikapulver noch unterstützt.

Edler Sekt aus Ungarn

Nicht nur beim Wein holt Ungarn kräftig auf, man stellt mittlerweile auch erstklassigen Sekt her, oft sogar nach der *méthode champenoise,* bei der die Flaschen mit der Hand gerüttelt werden. Die trockenen Sorten heißen *száraz.*

Tipp Ruhig vorher mal einen Blick in die Küche werfen und nach Appetit bestellen. Eine *halászlé* kann nämlich auch äußerst köstlich sein.

Man isst sie als ersten Gang, danach einen Teller *túróscsusza,* in Österreich Topfenfleckerln genannt – Nudeln mit Sauerrahm und Grammeln, also ausgelassenen, knusprigen Speckwürfeln.

Der unvermeidliche Palatschinken

Als Nachtisch bleibt in Ungarn nur der Palatschinken *(palacsinta),* ein hauchdünner Pfannkuchen, gefüllt mit etwas Süßem.

Am pfiffigsten ist die Gundel-Palatschinke, benannt nach dem Gastronomen Károly Gundel; sein Name gehört zu Budapest wie Sacher zu Wien. Das renommierte Speiselokal im Stadtwäldchen trägt seinen Namen. Die Gundel-Palatschinke wird mit Nüssen und Schokoladensoße gereicht.

Restaurantempfehlungen

Gundel, XIV., Állatkerti körút 2 (neben dem Zoo), ☏ 321-3550. Das erste Haus am Platz, von einem ungarstämmigen Amerikaner aufwendig, doch stilvoll renoviert. Ungarische Gerichte phantasievoll variiert. Im großen Garten geht es ungezwungener zu, im Restaurant jedoch sollte man angemessen gekleidet erscheinen. $$$

Hársfa Étterem, II., Hűvösvölgyi út 132, ☏ 275-2328. Zwar touristisch aufgepeppt, doch eines der besten Restaurants der Stadt mit großem Garten. Empfehlenswert die Wildgerichte und die Weine aus Villány. Gemessen an der Leistung sind die Preise zivil. $$$

Sipos halászkert, III., Fő tér 6, ☏ 368-6480. Gehobenes Fischrestaurant in Óbuda mit schönem Innenhof. Die Fischsuppe *halászlé* ist hier bedenkenlos zu empfehlen. $$

Corso Étterem, V., Petőfi Sándor utca 3, ☏ 267-0314. Obwohl mitten im Innenstadttrubel, immer noch empfehlenswert. Ungarische Spezialitäten, schöner ruhiger Garten. $$

Náncsi Néni Vendéglője, II., Ördögárok út 80, ☏ 397-2742. Etwas außerhalb, doch sehr zu empfehlen. Ein kleines Restaurant mit großem Garten und pfiffiger ungarischer Küche. Unbedingt reservieren. $$

Goli Kisvendéglő, III., Árpád fejedelem útja 125, ☏ 188-6303. Wunderschön an der Donau liegt dieses einfache Restaurant mit riesigem Garten. Zu essen gibt es deftige und preiswerte Kost. $

Mátyás Kisvendéglő, XV., Bánkút utca 55, ☏ 118-1650. Großes Restaurant mit schönem Garten und einfacher, doch schmackhafter ungarischer Kost. $

Sport Vendéglő, XVI., Csömöri utca 198 (Achtung: Eine gleichnamige Straße gibt es auch im benachbarten XV. Bezirk), ☏ 405-3364. Jahrelang ein „Geheimtip“, nun weithin bekannt, doch immer noch empfehlenswert. Deftige ungarische Kost zu angemessenen Preisen. Ⓢ

Das Angebot an Spirituosen und Weinen ist gewaltig

Edle Tropfen und starke Brände

Ungarn ist seit Jahrhunderten ein Weinanbaugebiet. Über 2000 Stunden Sonnenschein im Jahr reichen aus, hervorragende Weine gedeihen zu lassen.

Ungarn liegt heute mit über sieben Millionen Hektoliter Jahresproduktion an zehnter Stelle in Europa. Für das kleine Land ist das viel. Allerdings besagt diese Zahl leider auch, dass es mit der Qualität oftmals nicht weit her ist. Diese große Menge nämlich wird auf rund 150 000 Hektar Fläche erzeugt, jahrzehntelang legte man mehr Wert auf Menge denn auf Güte. Hauptabnehmer der Weine waren früher die sozialistischen Bruderländer, und die forderten süße Massenweine. Erst in den letzten Jahren beginnt man in einigen Anbaugebieten mit einer Ertragsreduzierung auf gleicher Fläche und produziert so höhere Qualität. Auch beim Ausbau gibt man sich mehr Mühe. Fast überall in Ungarn wird Wein angebaut. Es gibt historische Anbaugebiete mit Spitzenlagen, etwa Badacsony am Nordufer des Plattensees, Eger im Norden (Erlauer Stierblut) und das Gebiet um Tokaj. Einige Rotweine aus dem südungarischen Villány zum Beispiel brauchen den Vergleich mit französischer Konkurrenz nicht zu scheuen. Zu empfehlen sind dort die Merlots, Cabernets und Pinots noirs; aus dem Gebiet um Sopron an der österreichischen Grenze der Blaufränkisch. Auch am Südufer des Plattensees gedeihen einige hervorragende Weißweine, zum Beispiel Welschriesling, Chardonnay und Sauvignon.

In den letzten Jahren wurden die Weinbaubetriebe privatisiert, einige junge Winzer entwickelten den Ehrgeiz, den Standard der ausländischen Konkurrenz zu erreichen. Leider fällt es ihnen schwer, auf den Märkten in Westeuropa Fuß zu fassen. Die Pfründe sind verteilt, importiert werden aus Ungarn bestenfalls billige Massenweine.

Vorbei sind auch die Zeiten des billigen Weins in Ungarn. Ein guter Wein ist sein Geld wert, denn er macht viel Arbeit. Selbstverständlich gibt es immer noch den Liter Tischwein für wenige Mark, doch Qualität darf man dann nicht erwarten. Dennoch ist ein guter Roter aus Villány immer noch rund ein Drittel preiswerter als ein vergleichbarer Franzose.

Für Freunde härterer Getränke ist Ungarn immer noch ein Traumziel. Schnäpse sind zwar nie so fein und edel wie beispielweise jene im Elsass, doch oft hausgemacht und handfest. Der berühmte *barack pálinka*, der Aprikosenschnaps aus Kecskemét, hält jeden Vergleich aus; das gilt auch für den unvergleichlichen Magenbitter Unicum, der einem nach einem schweren Essen wieder auf die Beine hilft. Und winkt der Wirt mit einer Flasche Selbstgebranntem: Nicht fragen, trinken!

Bäderstadt Budapest

Ein Bad besuchen, das bedeutet in Budapest viel mehr, als sich nur zu reinigen. Die Budapester Bäder haben seit Jahrhunderten eine wichtige soziale Funktion. Hier trifft man sich, spielt Schach, hier werden Freundschaften geschlossen, Neuigkeiten weitererzählt, Zeitungen gelesen und politische Entwicklungen diskutiert. Vor allem aber sind die Budapester Bäder ein Hort der Ruhe, der Erholung und Entspannung. Hier schaltet man ab, hier hört man nichts von der brodelnden Großstadt, hier kann man für einige Stunden die Hektik des Alltags vergessen. Die Bäder sind eine Kur für Körper und Seele, und sie haben nichts zu tun mit jenen turbulenten, riesigen Erlebnisbädern unserer westlichen Großstädte.

Fußball in Budapest

Anlässlich der Leichtathletik-Europameisterschaften im August 1998 wurde das einst morbide Nép-Stadion an der Dózsa György út komplett renoviert. Dort spielen auch die beiden großen Budapester Fußballclubs Ferencváros und Vasas. Kartentelefon: 267-25 60.

Schon die Kelten ließen sich im heutigen Budapest wegen der warmen und heilsamen Quellen nieder, die vor vielen Millionen Jahren durch einen Bruch der Erdkruste entstanden.

Später ließen die römischen Kaiser Hadrian und Mark Aurel verwundete und kranke Legionäre nach Aquincum bringen, um sie hier zu heilen. Im 16. und 17. Jahrhundert bauten die Türken jene herrlichen, reich verzierten Badehäuser, die teilweise noch erhalten sind.

Nach dem Abzug der Türken nahm man vom Baden eher Abstand. Man fürchtete eine Übertragung der Pest.

Erst im 19. Jahrhundert kultivierte man wieder den Badespaß. Budapest wurde damals in mehr als zwanzig Reiseführern als Bäderstadt gerühmt, aber mit der Warnung vor liederlichem Leben.

Heute gibt es in der Stadt noch 123 Thermalbäder und 400 Mineralquellen, viele davon sind warm. In harten Wintern dampft manchmal sogar die Donau von den unterirdischen Zuflüssen heißer Quellen. 1934 erhielt Budapest als weltweit einzige Großstadt den Titel „Bäderstadt". Man dürfte sich also „Bad Budapest" nennen, tut es aber nicht.

Noch heute sieht man an vielen Quellen Menschen mit Kanistern und Flaschen, die sich das Heilwasser abfüllen.

Tipp Gegen praktisch jedes Zipperlein gibt es in Budapest ein Wasser oder ein Bad. Heilbehandlungen wie Massagen, Moorpackungen oder Trinkkuren werden in fast allen Bädern angeboten. Eine Auswahl der schönsten Bäder:

Gellért, XI., Kelenhegyi út 2–6, im Hotel Gellért; Thermalbad: ⌚ Mo–Fr 6.30 bis 19 Uhr, Sa 6.30–13 Uhr, So 6.30 bis 12 Uhr, Schwimmbad täglich 6–18 Uhr. Das prunkvoll ausgestattete Jugendstilbad mit der Glaskuppel entstand 1918. Mit seinen unzähligen Säulen, Figuren, Mosaiken und Ornamenten ist es eigentlich ein Jugendstilmuseum. Gespeist wird das Bad von dreizehn Quellen. Neben Dampfbädern, einer Schwimmhalle mit beweglichem Dach und einem Wellenbad gibt es Heilbehandlungen gegen viele Krankheiten.

Rudas, I., Döbrentei tér 9; Thermalbad (nur für Männer!): ⌚ Mo–Fr 6–19 Uhr, Sa 6–13 Uhr, So 6–12 Uhr, Schwimmbad: ⌚ Mo–Sa 6–17 Uhr, So 6–12 Uhr. Eines der schönsten Budapester Bäder aus dem 16. Jhd., das von den Türken erbaut wurde. In die dunkle Kuppel sind winzige, bunte Fenster eingelassen, die vom Becken aus wie ein bunter

Sternenhimmel wirken. Das Wasser hat 42 °C und hilft bei Gelenkerkrankungen. Beliebt ist das Dampfbad.

Rác, I., Hadnagy utca, 8–10; 🕓 Mo–Sa 6.30–18 Uhr, So geschl., Männer nur Di, Do, Sa, Frauen Mo, Mi, Fr. Das kleinste und älteste Budapester Bad aus dem 16.Jh. im türkischen Stil war das Lieblingsbad von König Matthias. Das achteckige Becken ist von einer Spitzkuppel überdacht. Das 40 °C warme, sehr schwefelhaltige Wasser hilft bei Muskel-, Gelenk- und Nervenbeschwerden.

Király, II., Fő utca 84; 🕓 Mo–Fr 6.30 bis 19 Uhr, Sa 6.30–13 Uhr, So geschl., Mo, Mi, Fr Männer, Di, Do, Sa Frauen. Erbaut wurde das Király-Bad um 1570 vom türkischen Pascha Sokoli Mustafa. Auch hier wölbt sich eine Kuppel über dem achteckigen Becken. 1826 wurde es von der Familie Király („König") um zwei Seitenflügel erweitert.

Széchenyi, XIV., Állatkerti körút 11, im Stadtwäldchen; Thermalbad: 🕓 Mo–Fr 6.30–20 Uhr, Sa 6.30–13 Uhr, So 6.30 bis 12 Uhr, Schwimmbad: 🕓 täglich 6 bis 18 Uhr. Dieses 12 000 m² große, efeubewachsene, idyllische Volksbad wurde 1881 im Neobarock erbaut und bezieht sein Heilwasser aus 970 Meter Tiefe. Das Széchenyi-Bad ist ein Treffpunkt für die ganze Bevölkerung. Selbst im tiefsten Winter stehen hier ältere Herren im natürlich heißen, dampfenden Wasser des Freibeckens und spielen Schach auf schwimmenden Brettern. Das Wasser hilft besonders bei Gelenkbeschwerden und Erkrankungen der Atemwege.

Lukács, II., Frankel Leó út 25–29; Thermalbad: 🕓 Mo–Fr 7–18 Uhr, Sa 6.30– 13 Uhr, Schwimmbad: 🕓 Mo–Sa 6 bis 19 Uhr, So 6–16 Uhr, Di, Do, Sa für Männer, Mo, Mi, Fr für Frauen. Klassizistische Architektur. Das Wasser wirkt besonders gegen rheumatische Beschwerden.

Eine Institution in Sachen Heilbad ist das reich verzierte und im reinsten Jugendstil gehaltene Gellért

Im Széchenyi-Bad trifft sich ganz Budapest

Unterkunft

Wie alle großen Städte der einstigen k. u. k. Doppelmonarchie hat Budapest eine große Tradition als Hotelstadt. Um die Jahrhundertwende entstanden Dutzende von erstklassigen Luxusherbergen. Das war die Zeit, als Filous und Lebemänner noch monatelang in Hotels lebten, als Künstler dort arbeiteten, als der Portier die meisten Gäste noch persönlich kannte – oder zumindest so tat. Hotelnamen wie Carlton, Ritz oder Bristol sprechen für sich.

Die Hotelmeile war in den goldenen Zwanzigern der Donaukorso in der Nähe des Vigadó tér. Dort traf man sich, dort lustwandelte man. Im Zweiten Weltkrieg wurden alle Luxushotels zerstört. Erst 1969 baute man neue Häuser, z. T. hässliche Klötze im vermeintlich modernen Stil, die durch Umbauten wenigstens innen einigermaßen erträglich wurden. Prunkherberge der Stadt ist das 1992 eröffnete Grand Hotel Corvinus Kempinksi mit 368 Zimmern mitten in der Stadt.

Günstige Privatunterkünfte

Seit der Wende im Jahre 1989 hat sich im Übernachtungsgewerbe einiges getan. Viele Häuser wurden renoviert, mal mehr und mal weniger stilecht und feinfühlig. Mittlerweile stehen über 50 000 Betten für Gäste bereit; jährlich werden neue Hotels gebaut und neue Pensionen eröffnet.

Viele Familien vermieten Zimmer, viele Privatleute bauen ihre Häuser zu Pensionen um. Eine *panzió* ist in der Regel einfach und mit Familienanschluß, das Frühstück besteht aus Brot, Kaffee, Marmelade, manchmal auch Wurst.

Die Preise sind etwa ein Drittel niedriger als in westeuropäischen Großstädten. Allerdings klagen viele Vermieter über die hohe Besteuerung. Das investierte Kapital amortisiert sich nur langsam. Häufig kommen Kontrolleure und prüfen, ob ein Zimmer nicht schwarz vermietet wurde. Werden sie fündig, drohen dem Inhaber hohe Strafen.

Die Hotelpreise in Budapest sind in den letzten Jahren stark gestiegen, es gibt kaum noch einen Unterschied zu „Westpreisen". Allerdings merkt man auch in Budapest, daß die Spesenbeutel der Geschäftsreisenden nicht mehr so prall gefüllt sind, und bietet günstige Pauschalangebote oder Wochenendtarife an. Gleiches gilt in der Vor- und Nachsaison.

Einen Zimmernotstand gibt es selten. Nur über Weihnachten und Silvester, zu Messezeiten, während des Frühjahrsfestivals und wenn am Hungaroring ein großes Autorennen stattfindet, sollte man unbedingt vorbestellen.

i Vermittlung von Privatunterkünften und Pensionen: **Budapest Tourist**, V., Roosevelt tér 5, ☎ 171-3555

Hotels

Béke Radisson, VI., Teréz körút 97, ☎ 301-1600, Fax 301-1615. Ein altehrwürdiges Haus im Jugendstil, feinfühlig renoviert in guter Lage nahe dem Ostbahnhof. Auch die 246 Zimmer sind in gelungener Stilmischung eingerichtet. ($)($)

Gellért, XI., Szent Gellért tér 1, ☎ 185-2200, Fax 166-6631. Dieses gewaltige Jugendstilhotel wurde im Jahre 1918 eröffnet und war einst „der" Treffpunkt der Budapester noblen Gesellschaft. Es wurde 1945 stark zerstört und später wieder aufgebaut. Weitere Renovierungsmaßnahmen gerieten leider etwas „sozialistisch", vom Jugendstilinterieur blieb wenig übrig. Dennoch strahlen die 235 Zimmer noch die Atmosphäre der großen alten Zeit aus. Dem Hotel angegliedert ist das berühmte Gellért-Thermalbad im Jugendstil. ($)($)

Astoria, V., Kossuth Lajos utca 19, ☏ 117-3411, 📠 118-6798. Ein schönes altes Haus mitten im Zentrum, deswegen nicht besonders leise. Eine Empfehlung für Liebhaber der brodelnden Großstadt. Das Hotel wurde wegen seines stilechten Interieurs schon mehrmals für Dreharbeiten zu Spielfilmen benutzt. Traditionsreich ist auch das gemütliche Café im Haus. $$

Hotel Budai, XII., Rácz Aladár utca 45–47, ☏ 248-0707, 📠 249-2186. Im Jahre 1992 neu erbautes, freundliches Hotel am Hang in Buda mit herrlichem Blick auf die ganze Stadt. Die 32 Zimmer sind modern, aber geschmackvoll eingerichtet und können teilweise mit bis zu vier Personen belegt werden. $$

Liget, VI., Dózsa György út 106, ☏ 269-5300, 📠 269-5329. Neues, kleineres Hotel, günstig in der Nähe des Heldenplatzes gelegen. Die 139 Zimmer sind komfortabel, der Service unaufdringlich und freundlich. $$

Lido, III., Nánási út 7–8, ☏ 250-4576. Einfaches Hotel mit 79 Zimmern in Óbuda in der Nähe von Aquincum an der Donau gelegen. Zur Innenstadt sind es mit der Vorortbahn (HÉV) nur wenige Minuten. $

Pensionen

Buda Villa, XII., Kiss Áron utca 6, ☏ 275-0091, 📠 275-1687. Schöne kleine Pension in ruhiger Lage in den Budaer Bergen mit zehn großen, hellen Zimmern. $$

Cziráky Panzió, XII., Rácz Aladár utca 139, ☏ 274-4759, 📠 174-4761. Kleineres Haus in Super-Hanglage in Buda mit herrlichem Blick über die ganze Stadt. Alle acht Zimmer haben Dusche, Minibar und Fernseher und sind modern eingerichtet. $$

X Panzió, XV., Molnár Viktor utca 45, ☏ 272-3648, 📠 419-4562. Ruhig in einer Gartenstadt etwas außerhalb ge-

Das Wellenbad im Hotel Gellért wurde bereits 1927 eröffnet

legen, etwa drei Kilometer vom Zentrum entfernt. Die neun großen, hellen Zimmer liegen in einem Anbau am Haus des Vermieters. Alle Zimmer sind mit Fernseher, Minibar und geräumigen Bädern ausgestattet. Wegen der verkehrsarmen Lage und des großen Gartens ist diese Pension besonders für Familien mit Kindern hervorragend geeignet. Ⓢ

Unicum Panzió, XI., Bod Péter utca 13, ☏ 319-3784. Kleine, gemütliche Pension mit herrlichem Ausblick in ruhiger Lage in Buda. Neun Zimmer. Ⓢ

Campingplätze

Es gibt im Stadtbezirk von Budapest sechs Campingplätze mit allerdings recht unterschiedlichem Komfort. Bei der ungarischen Fremdenverkehrszentrale und den Info-Stellen in Budapest ist eine Broschüre über Camping in Ungarn erhältlich (s. S. 92).

Camping Niche, XII., Zugligeti út 101, ☏ 200-8346. Schön in einem engen Tal in den Budaer Bergen gelegen mit rund 200 Stellplätzen; 🕓 Nur von 15. März bis 15. Oktober.

Expo Camping, X., Albertirsai út 10, ☏ 263-7600; 🕓 1. Juli–31. August. 30 000 m² großer, asphaltierter Platz mit 750 Stellplätzen auf dem Messegelände. Karger Komfort.

Római Camping, III., Szentendrei út 189, ☏ 368-6260, FAX 250-0426. Riesiger Platz in Óbuda an der Donau in der Nähe von Aquincum mit rund 2500 Stellplätzen und mit perfekter Infrastruktur.

Jugendherbergen

Budapest hat 32 Jugendherbergen und Jugendgästehäuser. Ein Verzeichnis ist bei den Tourismusbüros erhältlich. Zimmervermittlung auch über **Jugendreisebüro Express,** V., Semmelweis utca 4, ☏ 117-6634, FAX 117-6832 (direkt an der Station „Astoria" der Metro 2).

Einkaufen

Budapest ist nicht mehr der Geheimtip für Shopping-Freunde wie noch vor der Wende im Jahre 1989. Früher gab es viele Waren aus westlicher Produktion speziell in den Boutiquen der Váci utca für wenige D-Mark zu kaufen. Für die Einheimischen waren die zwar unerschwinglich, doch Westtouristen konnten da noch Schnäppchen machen.

Mode

Nun haben die großen Konzerne Einzug gehalten, und in den Modegeschäften wird das gleiche angeboten wie in jeder Fußgängerzone in Wuppertal, Genf oder Innsbruck. Ausnahmen bilden die kleinen Läden in den Toreinfahrten oder Hinterhöfen, die oft Interessantes zu günstigen Preisen bieten. Hier eine Empfehlung abzugeben ist sinnlos, die Fluktuation ist sehr hoch.

Interessantes in den Seitengassen

Sehr charmant und ein Ausdruck der neuen Zeit ist das *Made in World Center* in der Váci utca, Ecke Haris köz. In dieser unterirdischen Ladengalerie wird die neueste Mode angeboten, besonders die Budapester Yuppieszene pflegt hier zu shoppen.

Auch die früher elegante Király utca, die in den letzten Jahrzehnten zur schäbigen Gasse verkam, bekommt wieder ihren Charme. Hier findet man in kleinen Lädchen und winzigen Auslagen oft interessante Angebote. Ähnliches gilt für Antiquitätengeschäfte in der Leopoldstadt, wo jedoch die Qualität höchst unterschiedlich ist.

Viele Straßen und Plätze sind zu Basaren geworden, wo Einheimische und Zugewanderte sich ein schnelles Geschäft mit Handarbeiten, Kräutern, Gewürzen u. ä. erhoffen.

Märkte/Lebensmittel

Man sollte darauf achten, nur Waren aus ungarischer Produktion zu kaufen. Freunde des Kulinarischen müssen einen der herrlichen Budapester Märkte besuchen. Die mächtigen Markthallen in den Stadtvierteln wurden um 1900 oder früher erbaut und sind schon architektonisch sensationell.

Viel Atmosphäre in den Markthallen

Die schönste und größte ist die *Zentrale Markthalle* am Vámház körút. Weitere schöne Markthallen stehen am Rákóczi tér, am Klauzál tér, am Hunyadi tér und in der Hold utca. Baulich nicht sehr interessant, doch mit viel Atmosphäre präsentiert sich die Markthalle an der Retek utca nahe dem Moskauer Platz (siehe Weg 4). Das beliebteste Mitbringsel ist natürlich ungarische Salami. Man kann sie auf einem der Märkte kaufen, sollte da aber genau auf die Qualität achten, am besten vorher probieren.

Tipp Die Original-Salami wird im Laden der Firma Herz am Gubacsi út im IX. Bezirk verkauft. Sie ist aber auch an Marktständen erhältlich. Dort gibt es z. B. auch geräucherte Haxen, Zungen oder Schinken.

Der Exportschlager – ungarische Salami

Interessant ist es, in einen Budapester Supermarkt zu gehen und nach Produkten zu suchen, die bei uns nicht erhältlich oder sehr teuer sind. Ein Tip für Hobbyköche ist zum Beispiel die Paprikapaste in Tuben. Es gibt sie scharf und mild, und sie eignet sich besonders zum pfiffigen Binden von Soßen. Auch mit Kraut gefüllte Paprikaschoten sind extrem preiswert und eine Köstlichkeit. Günstig ist immer noch russischer Wodka. Fährt man im Sommer und ist mit dem Wagen unterwegs, so sollte man sich

Farbenfrohe Trachtenpuppen als Mitbringsel

überlegen, ob man am letzten Tag nicht eine größere Menge frisches Obst und Gemüse von einem der Märkte mitnimmt. Die ungarischen Produkte sind meist wesentlich aromatischer als bei uns und viel billiger obendrein.

Bücher

Wie in allen einst sozialistischen Ländern war das Lesen früher in Ungarn sehr verbreitet. Entsprechend hoch ist noch heute die Zahl der Buchhandlungen. Auch deutschsprachige Literatur ist vielerorts erhältlich, besonders die Bücher des Corvina-Verlages, der viele anspruchsvolle Werke, Bildbände und Reiseführer auch in deutscher Sprache herausgibt. Empfehlenswert sind die Libri-Buchhandlungen (z. B. Váci utca 32). Manchmal findet man auch noch eine Rarität aus DDR-Verlagen. Versuchen kann man dies auch im Antiquariat am Múzeum körút 15.

Flohmärkte

Der größte Budapester Flohmarkt wird täglich außer Sonntag am Nagykőrösi út abgehalten. Samstags sind die meisten Händler da. Angeboten werden Antiquitäten, Gemälde, Schmuck, Kleidungsstücke und Nippes jeder Art. Samstags und sonntags findet an der Petőfi-Halle im Stadtwäldchen ein kleinerer Flohmarkt statt. Sonntagvormittags lohnt sich die 15 Kilometer Fahrt hinaus nach Gyál zum größten Flohmarkt Ungarns. Angeboten wird hier alles bis hin zu ganzen Schlafzimmern.

Dubiose Etablissements

Nightlife in Budapest, das ist eine heikle Sache. Überall in der City begegnen Sie Werbern für diverse Etablissements, die Ihnen paradiesische Vergnügungen versprechen. Als Faustregel gilt: keiner dieser Läden in der Stadt ist wirklich seriös.

Am Abend

Der Abend in Budapest wird unter Garantie nicht langweilig. Sehr romantisch ist es, wenn man oben am Burgberg steht und unten an der Kettenbrücke die Lichter angehen. Man sieht dies auch wunderschön von der Fischerbastei, an der Bergstation der Standseilbahn oder vom Platz vor dem Burgpalast. Hier bekommt man die richtige Einstimmung fürs Budapester Abend- und Nachtleben.

Oper und Operette

Erkel Színház (Erkel-Theater), VIII., Köztársaság tér 30, ☏ 333-0540. Anspruchsvolle Opern- und Ballettaufführungen.

Fővárosi Operettszínház, VI., Nagymező utca 17–19, ☏ 332-0535. Das renommierteste Operettentheater der Stadt. Manchmal aber auch Musicals.

Magyar Állami Operaház (Staatsoper), VI., Andrássy út 22, ☏ 331-2550. Hervorragende Operninszenierungen in stilvoller Atmosphäre.

Klassische Konzerte

Pesti Vigadó (Redoute), V., Vigadó tér 1, ☏ 266-5557. Anspruchsvolle Konzerte.

Zeneművészeti Főiskola (Musikakademie), VI., Liszt Ferenc tér 2, ☏ 341-4788. Das erste Haus am Platze, von Franz Liszt gegründet.

Rock

Tilos az Á, VIII., Mikszáth Kálmán tér 2. Eine alteingesessene Musikkneipe, täglich Live-Programm im Keller.

Rock Café, VII., Dohány utca 17. Jeden Abend Live-Rock.

Petőfi-Halle im Stadtwäldchen, XIV., Zichy Mihály út. Große Konzerte.

Mash Music Club, VII., Kertész utca 33, ☏ 267-8616. Fast jeden Abend Live-Musik.

Discos

Black Hole (Fekete Lyuk), VIII., Golgota út 3. Früher verwegener Punk-Schuppen im Industriegebiet, heute immer überfüllte Disco.

Kepi Blanc Music Club, IX., Üllői út 45–47, ☏ 217-4100. Schräge Disco, House-Musik etc.

Night Oil, XI., Bartók Béla út 48. In-Disco mit viel Krach und vielen Menschen.

Jazz

Merlin, V., Gerlóczy utca 4, ☏ 267-3625. Anspruchsvoller Jazz.

Közgáz Jazz-Club, IX., Kinizsi utca 2–6, ☏ 217-5110. Klub der Wirtschaftsuni, unregelmäßig anspruchsvolle Konzerte.

Eötvös Club, V., Károlyi Mihály utca 9. Nur dienstags, gemischtes Programm.

Kabarett, Varieté, Bars

Astoria Night Club, im Hotel Astoria. V Kossuth Lajos u.19. Tel. 267-0332. Revues und anspruchsvolle Shows tgl. von 22-4 Uhr.

Corvinus Bar im Hotel Kempinski. V. Erzsébet tér 7-8. Tel. 429-3777. Klassische Bar mit gelegentlichem Programm.

Orfeum im Hotel Béke Radisson, VI., Teréz körút 97, ☏ 301-1600. Bar mit Revueprogramm, eigenes sehenswertes Ensemble, Tanz bis zum frühen Morgen.

Das Madách Színház am Erzsébet körút bietet neben seinem Theaterprogramm gelegentlich auch Musicals

Romantische Einstimmung für den Abend: die illuminierte Kettenbrücke bei Nacht

Reisewege und Verkehrsmittel

Anreise

Auto

Reisende aus dem südbayerischen Raum und aus der Schweiz nehmen am besten die Autobahn über Salzburg und Linz nach Budapest. Aus Norddeutschland und Berlin fährt man am günstigsten über Prag und Brünn, aus Süd- und Mitteldeutschland über Wien. Von Frankfurt am Main sind es rund 1000 Kilometer in die ungarische Hauptstadt. Am Grenzübergang Nickelsdorf/Hegyeshalom ist besonders im Sommer mit mehrstündigen Wartezeiten zu rechnen. Manchmal ist es besser, kleinere Übergänge zu benutzen oder gar über Bratislava zu fahren. Die Autobahn von der Grenze bis nach Budapest ist fast durchgehend fertig gestellt.

Auf Ungarns Autobahnen gilt als Höchstgeschwindigkeit 120 km/h, auf Landstraßen 80 km/h, in Städten 60 km/h. Pkws mit Anhänger und Motorräder dürfen auf Autobahnen höchstens 80 km/h fahren, auf Landstraßen 70 km/h, in Städten 50 km/h. Außerhalb geschlossener Ortschaften muss auch bei Tag mit Licht gefahren werden.

Bei einem Unfall muss man immer die Polizei rufen. Die Notrufnummer ist 107. Ein deutschsprachiger Dienst steht unter ☎ 212-2821 zur Verfügung. Zur Not kann man auch den ADAC oder den ÖAMTC in Budapest anrufen (☎ 212-5167).

Tankstellen gibt es reichlich.

Bahn

Von Deutschland, Österreich und der Schweiz aus verkehren Züge direkt nach Ungarn. Von Frankfurt am Main dauert die Fahrt etwa 15 Stunden. Die Züge halten alle am Budapester Ostbahnhof (Keleti pályaudvar).

Tipp An jedem Bahnhof stehen „Rail-Busse". Diese Minibusse bringen Sie für 900 Ft. zu jedem Punkt der Stadt. Man kann sie auch vorbestellen unter ☎ 3532-2722.

Flugzeug

Von allen großen deutschen, österreichischen und Schweizer Flughäfen gibt es Direktflüge nach Budapest. Die Spartarife sind oft nur unwesentlich teurer als die Fahrt mit der Bahn.

Der Budapester Flughafen Ferihegy liegt etwa 16 km südöstlich der Innenstadt. Er besteht aus zwei Teilen. Lufthansa und die ungarische Linie MALÉV verkehren auf Ferihegy II, alle anderen auf Ferihegy I.

Auf keinen Fall sollte man am Flughafen in ein Taxi steigen. Die Fahrer dort sind mafiaähnlich organisiert und verlangen extrem überteuerte Preise. Die einfache Fahrt in die Innenstadt sollte 3000 Forint nicht übersteigen.

Busse (Volánbusz) fahren alle halbe Stunde zum Busbahnhof am Erzsébet tér und zurück. Zu empfehlen sind die Airport-Minibusse: Für 1200 Forint wird man zu jedem Punkt der Stadt gebracht oder dort abgeholt (Schalter bei der Gepäckausgabe; ☎ 296-8555).

Bus

Die Deutsche Touring GmbH fährt dreimal pro Woche von verschiedenen deutschen Städten nach Budapest und zurück: Deutsche Touring, Arnulfstr. 3, 80335 München, ☎ (0 89) 59 18 24.

Tipp Für Biker, die den Budapester Verkehr nicht fürchten, gibt es Charles rent a bike, Budapest, Hegyalja út 23. ☎ 202-34 14

Schiff

Eine sehr angenehme Art, nach Budapest zu gelangen, ist die Fahrt mit dem Tragflügelboot von Wien aus. Es verkehrt von April bis Oktober zweimal täglich und benötigt für die Fahrt etwa vier Stunden. Auskünfte erteilen die IBUSZ-Reisebüros (s. S. 92).

Verkehrsmittel in Budapest

Autoreisende lassen am besten während ihres Budapest-Aufenthalts den Wagen an einem sicheren Platz (z.B. in der Hotelgarage). Es ist kein Problem, sich in Budapest mit öffentlichen Verkehrsmitteln zu bewegen. Empfehlenswert ist der Kauf einer Tages-, Wochen- oder Monatskarte, erhältlich an den Schaltern der Verkehrsbetriebe (BKV) in den größeren U-Bahnstationen.

Tipp Mit der „Budapest-Card" kann man 3 Tage lang alle öffentlichen Verkehrsmittel benutzen (s. S. 90).

Einzelfahrscheine werden vor Fahrtantritt gekauft und in der Bahn, dem Bus oder auf der U-Bahnstation entwertet. Sie berechtigen weder zum Umsteigen noch zur Fahrtunterbrechung.

U-Bahnen befahren die Innenstadt von 4.30 bis 23 Uhr auf drei Linien: Die gelbe M 1 fährt vom Vörösmarty tér über den Heldenplatz (Hősök tere) bis zum Mexikói út. Die rote M 2 bildet die Ost-West-Verbindung vom Örs vezér tere bis zum Südbahnhof (Déli pályaudvar). Die blaue M 3 fährt von Kispest bis zur Árpád-Brücke.

Straßenbahnen durchkreuzen die Stadt alle 5 bis 8 Minuten auf 40 Linien, die wichtigsten Strecken rund um die Uhr.

Autobusse verkehren auf über 200 Linien. Der Streckenverlauf steht an jeder Haltestelle angeschrieben. Die Busse mit roten Nummern sind „Schnellbusse" und halten nicht überall.

Die *HÉV-Bahnen* verkehren auf vier Linien und verbinden die Vororte mit der Innenstadt. Die für Touristen interessanteste Linie führt vom Batthyány tér nach Szentendre. Die *Zahnradbahn* fährt von der Városmajor hinauf in die Budaer Berge.

Auf 40 Linien quer durch die Stadt im 5- bis 8-Minuten-Takt

Der Ostbahnhof ist Start und Ziel für alle Bahnreisenden

Weg 1

Seite 49

***** Burgberg – ** Burgpalast – ** Matthiaskirche – * Fischerbastei**

Nach einem Rundgang durch den Burgpalast und seine Museen führt der Weg durch die Gassen des Burgviertels mit den z. T. mittelalterlichen Häusern. Dieses etwa 1,5 km lange Felsplateau liegt 167 m über dem Meeresspiegel und 50–60 m über der Donau. Es ist durchzogen von kilometerlangen, natürlichen Höhlen, die schon in der Steinzeit bewohnt waren.

Geht es dann schon auf den Abend zu, so sollte man unbedingt wieder zurückkehren zum Aussichtspunkt am Burgpalast. In der Dämmerung nämlich ist es dort besonders stimmungsvoll, man hat von da den schönsten Blick auf die Stadt. Unten hört man leise das Rauschen und Brodeln der Millionenstadt, irgendwann gehen die Lichter an der Kettenbrücke an, und langsam fühlt man, wie sich der Moloch Budapest beruhigt. Ein Moment für Romantiker, für Verliebte und für all jene, die die Stadt in ihr Herz geschlossen haben.

Der ***Burgberg

Die eigentliche Bebauung des Berges begann erst im 13. Jh. Nachdem die Mongolen die Stadt Pest verwüstet hatten, errichtete man oben auf dem Berg eine Bürgerstadt, geschützt durch eine mächtige Befestigungsanlage. Das „neue Pest" (eigentlich Buda) entwickelte sich schnell zur florierenden Gemeinde, in der sich Kaufleute aus ganz Europa niederließen.

Bei der Belagerung der Burg durch die kaiserlichen Truppen 1686, die der 145jährigen Türkenherrschaft ein Ende setzte, fiel fast das gesamte Burgviertel in Schutt und Asche. Die zweistöckigen Häuser wurden nur einstöckig wieder aufgebaut. Das Burg-Ensemble wurde ins Weltkulturerbe der UNESCO aufgenommen und steht unter Denkmalschutz.

Auf den Burgberg gelangt man am schönsten mit der Sikló, der Standseilbahn, vom Clark Ádám tér zum Szent György tér. Oder man benutzt den Várbusz, den Burgbus. Diese besonders wendigen und geräuscharmen Kleinbusse wurden in Zusammenarbeit zwischen Volkswagen und dem Budapester Omnibuswerk Ikarusz speziell für den Burgberg konstruiert. Sie fahren alle paar Minuten vom Moszkva tér hinauf zum Szent György tér. Privat-Pkws dürfen das historische Burgviertel seit 1997 nicht mehr befahren.

Tipp Um die eigene Atmosphäre des Burgviertels zu spüren, sollte man ganz früh morgens hinaufgehen, am besten kurz vor Sonnenaufgang. Dann sind die Gässchen leer, und man kann erleben, wie unten die Großstadt zum Leben erwacht.

Für den Gang durch das Burgviertel sollte man sich einen Tag Zeit nehmen, je nachdem, wie lange man in den Museen verweilt oder in einem der Lokale oder Cafés einzukehren gedenkt.

Der ** Burgpalast ❶

Der Burgpalast ist das mächtigste Gebäude Budapests und nahezu von jedem Punkt der Innenstadt zu sehen. Erbaut wurde die Burg in den Jahren 1247 bis 1265 unter Béla IV., jedoch in anderer Form, als man sie heute sehen kann, denn zweimal ist das mächtige Bauwerk fast vollständig zerstört worden: beim Einfall der Türken im Jahre 1541 und im Jahre 1578, als man dort Schießpulver gelagert hatte, das durch Unachtsamkeit des Wachpersonals explodierte. Der Palast fiel in sich zusammen.

Erst im 18. Jh. ließ Karl III. hier wieder einen kleinen Barockpalast errichten, den Maria Theresia später erweiterte. Er

1

Seite 49

war zwar noch wesentlich kleiner als das ursprüngliche Gebäude, umfasste aber immerhin 203 Räume. Im Jahre 1890 wurde der imposante, 304 m lange Flügel im Stil des Neobarock angebaut. Im Zweiten Weltkrieg verschanzten sich die deutschen Besatzer in dem Palast, beim Angriff der Roten Armee wurde er abermals fast vollständig zerstört. Beim Wiederaufbau Ende der vierziger Jahre hat man die barocke Fassade rekonstruiert, setzte jedoch damals eine klassizistische Kuppel obenauf, die es früher nicht gegeben hatte.

Zentrum des Burgbergs ist der Burgpalast

Die Nationalgalerie

Die Magyar Nemzeti Galéria ist das wichtigste Museum im Burgpalast. Hier sind bedeutende Werke der ungarischen Malerei vom Mittelalter bis zur Gegenwart ausgestellt. Den Grundstock des Museums bildet die Sammlung des Grafen Ferenc Széchenyi, der sie 1808 dem Staat vermachte. Im Lauf der Jahrzehnte stifteten immer mehr Adelige ihre gesammelten Werke, die ab 1906 im Museum für Bildende Künste am Heldenplatz ausgestellt wurden.

Werke ungarischer Künstler zeigt die Nationalgalerie

1957 gründete man die Ungarische Nationalgalerie im ehemaligen Obersten Gerichtshof am Kossuth Lajos tér. 1975 bezog die Galerie die ehemaligen Empfangshallen der Könige im Burgpalast.

Auf drei Etagen kann man die Geschichte der ungarischen Malerei nachvollziehen. Auffallend ist die Melancholie vieler Bilder, die von der Unterdrückung des ungarischen Volkes erzählen. Interessant sind auch die Sonderausstellungen im ersten und dritten Stock.

Die Kettenbrücke – eines der Wahrzeichen Budapests

Das Budapester Historische Museum

Das Museum (Budapesti Történeti Múzeum) im Gebäude E der Burg zeigt Grabungsfunde, die beim Wiederaufbau der Burg nach dem Zweiten Weltkrieg ans Tageslicht kamen.

1

Seite 49

Besonders interessant sind die gotischen Skulpturen und – im Keller des Gebäudes – eine Nachbildung des Burgberges, wie er im Mittelalter aussah.

Tipp Alle vier Stunden wird ein Videofilm über die Geschichte der Stadt gezeigt.

Die Széchenyi-Nationalbibliothek

Die größte Büchersammlung Ungarns, im F-Flügel der Burg untergebracht, ist nicht nur für eingefleischte Bücherratten sehenswert. Jedes in Ungarn hergestellte Buch ist hier zu finden (viele davon auf Deutsch), Millionen von Zeichnungen, Manuskripten und Partituren. Hier wird auch die *Bibliotheca Corviniana* verwahrt, die berühmte Sammlung des Königs Matthias Corvinus aus dem 15. Jh. Geht man vom Burgpalast in Richtung Altstadt, kommt man am Szent György tér vorbei, Endstation der kleinen Burgbusse, im Mittelalter fanden hier Ritterspiele und Gauklervorführungen statt.

Standseilbahn von 1870

Der Szent György tér ist auch die Bergstation der * **Sikló** ❷, der Standseilbahn. Sie wurde im Jahre 1870 als zweite Dampfseilbahn der Welt in Betrieb genommen und war eigentlich dazu gedacht, die königlichen Beamten in ihre Büros im Palast zu befördern. Die Bahnstrecke ist fast 100 m lang und hat eine Steigung von 48 %. Die beiden behäbigen Wagen mit den einzelnen Scheinwerfern an der Frontseite haben je drei Kabinen mit acht Sitzplätzen und erreichen eine Geschwindigkeit von 10,8 km/h. Das Antriebsprinzip ist einfach: Sind die Passagiere des talwärts fahrenden Wagens schwerer als jene auf der Gegenspur, ziehen sie durch ihr Gewicht die bergwärts Fahrenden nach oben. Wenn nicht, hilft ein Elektromotor nach.

Die Bahn funktionierte bis 1944, als sie im Krieg zerstört wurde. Danach wollte man eine Rolltreppe bauen, entschied sich dann aber für den Wiederaufbau nach alten Konstruktionsplänen. Im März 1986 war die Einweihung. In dem klassizistischen Gebäude neben der Bergstation fanden rauschende Orgien der gräflichen Familie Sándor statt.

Das **Sándor Palais** wurde 1806 von Graf Vince Sándor erbaut. Von 1867 bis 1945 war der Palast Sitz des ungarischen Ministerpräsidenten.

Das Burgtheater

Gleich neben dem Sándor Palais wurde 1736 das Burgtheater errichtet. In den Bau integriert sind Teile eines Franziskanerklosters und einer Kirche, die zuvor dort standen, und im Jahre 1686 bei der Befreiung Budas von den Türken zerstört wurden. Das Gebäude ist ein schönes Beispiel für den „Zopfstil“, die letzte Phase des Rokoko (benannt nach den damals üblichen Perücken).

Den Umbau der Kirche in ein Theater bewerkstelligte ein Unikum namens Farkas Kempelen. Der Architekt und Erfinder hatte eine „Schachmaschine“ konstruiert, gegen die Napoleon Bonaparte eine Partie verloren haben soll. Es hielt sich aber das Gerücht, im Automaten habe ein beinamputierter polnischer Offizier gesteckt. Kempelen verwandelte beim Umbau die einstige Grabkapelle in eine versenkbare Bühne für das Theater. Das Burgtheater bot 2000 Besuchern Platz und war jahrzehntelang eines der ersten Häuser der Stadt. Ludwig van Beethoven spielte hier am 7. Mai 1800 seine F-Dur-Sonate (op. 17) für Horn und Klavier. 1924 brachen große Teile der hölzernen Bühnenbauten zusammen, und das Haus stand bis zu seiner Renovierung 1978 leer. Heute residieren hier die Kammerspiele des Nationaltheaters.

Schräg gegenüber dem Burgtheater – fast schon am Dísz tér – ist ein verfallendes, einstöckiges Gebäude zu sehen. Hier war 1944/45 das *Hauptquartier der Deutschen Wehrmacht*, die Budapest besetzt hielt. Noch immer zeugen unzählige Einschusslöcher von dem Kampf, den die deutschen Offiziere ge-

1

Seite 49

gen die sowjetischen Befreier führten, bis sie sich nach tagelangem sinnlosem Kampf ergaben.

Der **Dísz tér** ist der zentrale Platz des Burgviertels, auch er mit blutiger Vergangenheit. Hier fanden im Mittelalter die öffentlichen Hinrichtungen statt.

Das Café *Korona* im Haus Nr. 16 ist eines der traditionsreichsten Kaffeehäuser der Stadt, obwohl das dürftige Interieur eher an ein Mitropa-Lokal der einstigen DDR erinnert als an eine Stätte genussfreudiger Kaffeehauskultur.

Die Schatzmeistergasse

Der Weg führt weiter durch die **Tárnok utca** (Schatzmeistergasse). Hier beginnt der geschäftigste und am meisten von Touristen besuchte Teil der Altstadt. Mit dem authentischen Budapest hat dieses Viertel natürlich nichts mehr zu tun, dennoch ist ein Bummel durch die alten Gassen von Buda immer noch ein Erlebnis. Man muss sie alle ignorieren, die schreienden Andenkenverkäufer, die knipsenden Reisegruppen, die überteuerten Restaurants, und sich von seiner Phantasie leiten lassen. Man kann sich dann unschwer vorstellen, wie es damals hier ausgesehen haben muß.

Die Schatzmeistergasse war im Mittelalter eine belebte Marktstraße. Jeden Mittwoch kamen die Donaufischer mit frischen Karpfen, Welsen, Stören und Zandern. War ein Fisch schon etwas älter, so war es üblich, ihm den Schwanz abzuschneiden. Die Schatzmeistergasse ist die breiteste des Burgviertels und wurde von Händlern bewohnt. Wie die Häuser damals aussahen, lässt sich am Haus Nr. 14 ablesen. Dort wurde die Fassade originalgetreu restauriert. Sie stammt aus dem 16. Jh., das Haus selbst aus dem 14. Jh.

In der Tárnok utca 18 ist das *Apothekenmuseum* untergebracht. In dem Gebäude aus dem 18. Jh. befand sich früher die Apotheke „Zum Goldenen Adler“. Die Tárnok utca führt auf den

Die zweitälteste Standseilbahn der Welt am Burgberg

Schöne mittelalterliche Gasse im Burgviertel

In der Matthiaskirche wurden ungarische Könige gekrönt

1

Seite 48

Szentháromság tér, den Dreifaltigkeitsplatz. Die 14 m hohe Säule in der Mitte erinnert an die Pestepidemie im Jahre 1714. Das Gebäude an der Ecke Szentháromság utca/Tárnok utca ist das *Alte Rathaus* von Buda. Es wurde von 1702 bis 1710 gebaut, dafür mussten fünf mittelalterliche Häuser abgerissen werden.

Die ** Matthiaskirche

Die **Matthiaskirche** ❸ steht auf der anderen Seite des Dreifaltigkeitsplatzes. Die beliebteste Kirche Budapests wurde von 1255 bis 1269 im Stil des Übergangs von der Spätromanik zur Gotik für die deutschen Bürger von Buda erbaut. Im Laufe der Jahrhunderte hat man sie oft umgebaut. 1470 wurde der 1384 eingestürzte Südturm wieder aufgebaut; unter Matthias Corvinus wurde ein königliches Oratorium angebaut.

Im 16. Jh. wurde der Bau von den Türken zerstört. Während der langen Türkenbesatzung nutzten die Machthaber die Hauptkirche Budapests als Moschee. Nachdem sie den Jesuiten als Gotteshaus gedient und im 17./18. Jh. eine barocke Ausstattung bekommen hatte, gestaltete sie der Architekt Frigyes Schulek 1874 bis 1896 so um, wie sie im 13. Jh. ausgesehen haben könnte. Die Matthiaskirche erhielt ihren Namen nach König Matthias, der sich hier zweimal trauen ließ.

Gekrönte Häupter

In der Matthiaskirche wurden viele ungarische Könige gekrönt, unter anderen Franz Joseph I. und seine Gattin Elisabeth, genannt Sisi. Aus Anlass der Krönung komponierte Franz Liszt 1867 seine „Krönungsmesse", die heute noch oft hier aufgeführt wird.

Man betritt das Gotteshaus durch das *Marienportal* an der Seite. Es wird von einem Relief mit dem Tod Marias geschmückt, das im 14. Jh. entstand. Im Innern der dreischiffigen Kirche ist es angenehm ruhig. Direkt neben dem Marienportal liegt eine interessante Kapelle, die nach dem italienischen Wallfahrtsort benannte *Loretokapelle* mit einem Marienbild aus der Werkstatt Lukas Cranachs d. Ä. und einer Madonnenfigur aus rotem Marmor, die – weil sie vom Kerzenruß geschwärzt ist – „Schwarze Madonna" genannt wird. In die ehemalige Krypta gelangt man über eine Treppe an der Nordseite. Dort ist die *Schatzkammer* mit einer Nachbildung der ungarischen Königskrone und des Reichsapfels sowie kostbaren Goldschmiedearbeiten, Kelchen, Monstranzen und Messgewändern.

Kuriosum * Fischerbastei

Die **Fischerbastei** (Halászbástya) ❹ erhebt sich gleich hinter der Matthiaskirche. Sie ist eines der hübschesten und zugleich unnötigsten Bauwerke Budapests. Dieses Zuckerbäckerwerk in einem Gemisch der verschiedensten Baustile erstellte Frigyes Schulek von 1899 bis 1905, weil er meinte, es würde gut zu der gerade von ihm umgebauten Kirche passen. Schulek errichtete eine 140 m lange und 8 m breite Wallkonstruktion mit allerlei verspielten Figürchen, Türmchen, gewundenen Treppchen und Erkern. Teilweise verwendete er Steine der alten Stadtmauer, die an dieser Stelle während der Türkenkriege von der Fischerzunft verteidigt wurde. Das gab dem kuriosen Gemäuer seinen Namen.

Militärischen Zwecken diente die Fischerbastei nie, das macht sie so liebens- und besuchenswert. Man hat von ihr einen herrlichen Blick auf die Stadt.

Der Weg führt nun vorbei am *Hilton-Hotel,* einem der umstrittensten Bauwerke der Stadt. Im Jahr 1974 nämlich versuchte man, die Überreste eines Dominikanerklosters aus dem 13. und 17. Jh. in einen funktionellen Neubau zu integrieren. Manche bewundern den Bau allein deshalb, weil sich Fischer-

1

Seite 48

bastei und Matthiaskirche in der kupferbraunen Glasfront spiegeln. Der Abriss des Hotels würde die historischen Gebäude besser zur Geltung bringen.

Der Platz vor dem Hilton, der *Hess András tér,* ist nach dem Drucker András Hess benannt, der im 15. Jh. für König Matthias das *Chronicon Budense (Chronica Hungarorum)* herstellte, das erste Druckwerk des Landes.

Das Gasthaus *Zum Roten Igel* im Haus Nr. 3 war im 17. Jh. das einzige Wirtshaus auf dem Burgberg. Damals fanden hier rauschende Bälle und deutschsprachige Theateraufführungen statt.

Liebevoll als Zuckerbäckerwerk bezeichnet wird eine der beliebtesten Sehenswürdigkeiten – die Fischerbastei

Von der Fortuna utca zur Herrengasse

Die **Fortuna utca** ist eine der beiden Straßen, die an der Nordseite des Platzes beginnen. Am Anfang des 15. Jhs. war sie hauptsächlich von französischen Arbeitern bewohnt, die zum Bau des Burgpalastes und der Matthiaskirche ins Land geholt wurden und hier blieben. Viele der bunten Häuser sind heute verschlossen, nur mit Glück kann man einen Blick in die hübschen Innenhöfe werfen (z. B. beim Haus Nr. 6).

Open air auf der Fischerbastei

In Nr. 4 ist das *Handels- und Gewerbemuseum* untergebracht. Hier kann man erleben, wie es 1870 in einer Budaer Konditorei oder in einem traditionellen Kolonialwarenladen zuging; ausgestellt sind Gegenstände aus alten Betrieben.

Heute legt man im berühmten und eher modernen als historishen Café *Pierrot* eine kleine Rast ein.

Táncsics Mihály utca

Von hier kann man einen Abstecher in die Parallelstraße der Fortuna utca machen. Hier wohnten im 16. und 17. Jh. hauptsächlich Juden.

In der Fortuna utca lebten im 15. Jh. französische Bauarbeiter

1

Seite 48

In Nr. 26 war eine Synagoge, im Haus Nr. 7 logierte Ludwig van Beethoven, der 1800 im Burgtheater die F-Dur-Sonate für Horn und Klavier aufführte. Im Haus Nr. 9 war 1848 der revolutionäre Journalist Mihály Táncsics inhaftiert, nach dem die Gasse benannt ist.

Am Wiener Tor ❺

An dem einstigen Nordtor der Stadt enden Táncsics Mihály utca und Fortuna utca. Dort, am *Bécsi kapu tér,* treffen sich die vier Straßen des Burgviertels, die von Norden nach Süden verlaufen. Das ursprüngliche Wiener Tor wurde zerstört, als Buda 1686 von den Türken befreit wurde. Das heutige Tor errichtete man 1936 anlässlich des 250. Jahrestages der Befreiung. Im Haus Nr. 7 war in den Dreißigern einige Male Thomas Mann zu Gast. Es gehörte Baron Lajos Hatvany, Finanzaristokrat, Schriftsteller und Kunstmäzen. Erbaut wurde es 1741, die Fassade stammt von 1807.

Maria-Magdalenen-Turm und Tóth Árpád sétány

Nur wenige Schritte führen zum **Maria-Magdalenen-Turm** am *Kapisztrán tér.* Er ist der Rest einer gotischen Kirche, die im Zweiten Weltkrieg zerstört wurde. 1984 restaurierte man den Turm und erklärte ihn zum Mahnmal.

Gegenüber am Kapisztrán tér 24 liegt das *Kriegshistorische Museum*. Das Gebäude von 1824 war einst die „Ferdinand-Kaserne“. Ein Museum beherbergt es seit 1938, als Ungarn anfing, mit den Nazis zu kollaborieren. Ausgestellt sind über 2000 Exponate, u. a. militärische Abzeichen, Uniformen, Kriegswaffen.

Von der **Tóth Árpád sétány,** der Promenade an der westlichen Mauer des Burgberges, hat man einen herrlichen Blick auf die Budaer Berge. Am Fuß des Burghügels breitet sich der große Park von Buda, die Blutwiese (Vérmező), aus. Sie heißt so, weil hier 1795 die ungarischen Jakobiner enthauptet wurden.

Die Herrengasse

Man sollte nun auch in die parallel verlaufende **Úri utca,** die „Herrengasse“, mit den meisten renovierten alten Häuser gehen wie z.B. der Nr.31. Hier und in Haus Nr.32 sind im Torweg die gotischen Sitznischen zu sehen, von denen man vermutet, dass Nachtwächter darin ausruhten. Das Haus Nr.49 mit dem schönen Innenhof bildet eine Einheit mit dem Gebäude in der parallel verlaufenden Országház utca. Im 18.Jh. beherbergte es ein Klarissinnenkloster mit Kirche, heute das Telefonmuseum.

Ein besonderes Elebnis bietet – vor allem an heißen Sommertagen – das Haus Nr. 9. Das *Panoptikum* ist ein unterirdisches Stofffigurenkabinett.

Höhlensystem im Burgberg

Der Burgberg wird von einem viele Kilometer langen Höhlensystem durchzogen, das man früher von fast jedem Keller aus betreten konnte. Über viele Jahrhunderte wurde es immer weiter ausgebaut und bot Schutz und Fluchtmöglichkeit. Noch im Zweiten Weltkrieg versteckten sich dort mehrere deutsche Soldaten, bis sie nach einigen Monaten nahezu erblindet entdeckt wurden. In einem Teil dieses Labyrinths ist nun die Geschichte Ungarns mit Stoffpuppen nachgestellt. Die Führungen sind sehr unterhaltsam. Ein witziger und kundiger Führer ist der ehemalige Hauptschullehrer Károly Veres, der zu jeder dargestellten Szene eine Geschichte weiß. Fragen Sie nach ihm!

Lohnend ist ein Besuch im Café *Ruszwurm* in der Szentháromság utca 7. Schon im 14. Jh. war dort eine Lebkuchenbäckerei. Das Café existiert seit 1827. Im Jahre 1890 lieferte der Konditor Vilmos Ruszwurm seine Torten sogar bis nach Wien. Die Biedermeier-Einrichtung der zwei winzigen Gasträume blieb seither nahezu unverändert.

Blick über die Donau zum Parlamentsgebäude

Weg 2

2

Seite 49

Vörösmarty tér – Donaukorso – Elisabethbrücke – Petőfi tér – Váci utca – Ferenciek tere – Freiheitsbrücke

Dieser Spaziergang führt mitten durchs Herz von Budapest. Es ist ein Bummel durch das geschäftige Zentrum der Stadt: über den Vörösmarty tér, den zentralen Platz der Stadt, der sich in den vergangenen Jahren so sehr gewandelt hat; am Donaukorso, der Flaniermeile für die Reichen und Schönen, entlang und durch die Váci utca, die Haupteinkaufsstraße der Stadt, wo sich mittlerweile mehr Touristen drängeln als Einheimische. Doch selbst in der Innenstadt gibt es Ecken und Flecken, die noch still und ruhig sind. So führt der Weg auch in den anderen Teil der Váci utca, wo Autos fahren dürfen und der Kaffee auch für Budapester noch bezahlbar ist.

Diesen Spaziergang kann man in wenigen Stunden bewältigen, man könnte aber auch Tage damit verbringen. Es soll sogar Touristen geben, die außer der Váci utca und dem Vörösmarty tér nicht viel von Budapest gesehen haben.

Vörösmarty tér und Redoute

Beginnen Sie Ihren Spaziergang am **Vörösmarty tér ❻**, jenem großen Platz über der Anfangsstation der „Kleinen U-Bahn“ M 1, die von hier bis hinaus zum Heldenplatz führt.

Es scheint, als führten die Wege aller Neuankömmlinge zuerst hierher. Ob riesige Reisegruppen oder Rucksacktouristen – alle sitzen sie hier, entweder auf dem Pflaster oder auf den Stühlen der Straßencafés. Auf dem Vörösmarty tér gibt es ständig irgendwelche musikalischen Darbietungen: Jugendliche trällern Bob Dylan zur Gitarre, Missionsgruppen ein Lied von der Auferstehung, Trachtenkapellen eine Weise aus Kufstein, oder Rockbands haben eine Anlage aufgebaut und beschallen die gesamte Innenstadt. Gleichzeitig sitzen an der Ecke zur Türr István utca stets Porträtmaler und porträtieren Urlauber.

Benannt wurde der Platz nach dem Nationaldichter Mihály Vörösmarty (1800–1855). Auf dem Denkmal in der Mitte des Platzes ist er zu sehen, wie er 1836 sein patriotisches Gedicht *Mahnruf* (Szózat) vorgetragen haben soll.

Der Weg führt nun links vom Café Gerbeaud die Vigadó utca hinab Richtung Donau.

Kaffeehaus Gerbeaud

Es war im Jahre 1858, da gründete der Konditor Henrik Kugler ein Kaffeehaus am heutigen Vörösmarty tér. Das war mutig, denn das führende Haus der Stadt war seit 1827 das *Ruszwurm* auf dem Burgberg. Kugler machte sich durch Qualität bald einen Namen. 26 Jahre später verkaufte er den Betrieb an den eingewanderten Schweizer Emil Gerbeaud. Dieser baute das Café vollständig um – genauso, wie es heute noch zu sehen ist: mit filigranen Korbstühlen, Stuck, Lüster, Brokatteppichen und schweren Samtvorhängen, die als Raumteiler dienen. Trotz dieses luxuriösen Interieurs senkte Gerbeaud die Preise, um auch dem einfachen Volk Gelegenheit zu geben, bei ihm einzukehren.

So wurde das *Gerbeaud* zum beliebten Treffpunkt, trotz hoher Qualität galt es als weniger elitär als das berühmte Café *New York* am Großen Ring. Das Haus überstand beide Weltkriege fast unversehrt, wurde schließlich verstaatlicht und umbenannt in „Vörösmarty“. Die Preise jedoch stiegen immer mehr,

2

Seite 49

Der nächste kleine Platz ist der Vigadó tér mit der **Redoute** ❼. Das aufwendige Prunkgebäude wurde 1858 bis 1865 als Konzert- und Ballsaal von dem Architekten Frigyes Feszl gebaut.

Er kreierte einen neuartigen Stil, angelehnt an den Klassizismus, doch verspielter, phantasievoller und romantischer. Feszl integrierte eine Vielzahl von verzierten Säulen, Märchenfiguren, Reliefs und Arkaden in den Bau.

Bei der Eröffnung des Konzertsaales im Jahre 1865 wirkten auch Franz Liszt und Johannes Brahms mit; die 640 Zuhörer waren enttäuscht von der Größe und Fremdartigkeit des Gebäudes. Dennoch wurde es im Laufe der Zeit eine der beliebtesten Aufführungsstätten für Opern und Konzerte.

Ein süßer Platz – das Gerbeaud

Mihály Vörösmarty (1800–1855)

und nach und nach waren fast nur noch Westtouristen dort anzutreffen. Seit 1984 heißt das Café wieder Gerbeaud, ist aber immer noch im Besitz der mittlerweile teilprivatisierten Firma Hungarhotel. Noch immer werden die süßen Köstlichkeiten in den dreistöckigen Katakomben unter dem Café mit teils museumsreifen Maschinen hergestellt. Man verwendet nur reine Zutaten, Chemie ist verpönt.

Die Preise allerdings sind längst nicht mehr so sozial, wie der Firmengründer Emil Gerbeaud sich das vorgestellt hatte. Im Gerbeaud verkehren zwar auch wieder Budapester, doch nur Angehörige der schnell reich gewordenen oberen Mittel- und Oberschicht. Der „normale Bürger" kann es sich längst nicht mehr leisten, hier auch nur einen Kaffee zu trinken. Das Gros der Besucher sind natürlich immer noch Touristen, die bei den Preisen keinen Unterschied zu den Cafés in Frankfurt, Paris oder London sehen. Dennoch ist das Gerbeaud allein wegen der hinreißenden Einrichtung einen Besuch wert.

Seite 49

Die Redoute wurde 1945 schwer beschädigt und erst 1980 nach langen Renovierungsarbeiten wieder eröffnet. Man hat alles originalgetreu rekonstruiert, nur die Decke wurde aus akustischen Gründen um drei Meter gesenkt. Wieder waren bei der Premiere viele Zuhörer enttäuscht. Auch heute gibt es viele Musiker, die sagen, die Redoute habe die beste Akustik der Stadt – andere behaupten das glatte Gegenteil.

Leider können der Große Saal und die gewaltigen Treppenaufgänge mit den interessanten Fresken nur bei Veranstaltungen besichtigt werden.

Im Erdgeschoss liegt ein Restaurant, das einen Besuch wert ist. Nicht, dass man da zufrieden stellend essen könnte, doch es werden hier die typischen Speisen der Fünfzigerjahre-Küche serviert mit Königin-Pastete und Schnitzel Hawaii; auch Interieur und Service sind entsprechend. Das ist eine ehrlichere Sache als so manches der vielen neu eröffneten „Spezialitätenrestaurants“ mit nachgemachter Pizza oder angeblich echt ungarischer Küche.

Entlang der Donau

Vom Vigadó tér ab führt der **Donaukorso,** eine Flaniermeile, den Fluss entlang. In sündhaft teuren Cafés und Restaurants zeigen sich hier all jene, die meinen, es nötig zu haben. Händler bieten Nippes jeder Art an. Geschaffen wurde der Korso Ende des 19. Jhs. anlässlich der tausendjährigen Wiederkehr der Landnahme der Ungarn. Zu jener Zeit wurden auch die Prachthotels **Carlton, Ritz** und **Bristol** gebaut. Das war die große Zeit des Korsos. Im Zweiten Weltkrieg fiel die gesamte Zeile dem Bombenhagel und Artilleriebeschuss zum Opfer. Erst Ende der sechziger Jahre versuchte man, sich wieder auf die besseren Tage zu besinnen und die Flaniermeile zu restaurieren.

Das Café Pilvax

Geht man heute von der Váci utca die Haris köz hinauf und überquert die parallel verlaufende Petőfi Sándor utca, so gelangt man in ein historisch sehr bedeutsames Sträßchen, die Pilvax köz. Benannt ist es nach dem berühmten *Café Pilvax,* das hier einst stand.

Auch heute noch gibt es ein Café dieses Namens, doch hat es mit dem früheren wenig zu tun. Das alte Gebäude ist abgerissen. Im Jahre 1848 aber ging von dieser Gasse die berühmte Revolution der „Märzjugend“ aus. Im Café Pilvax trafen sich täglich politisch interessierte junge Leute. Es ging zu wie später im berühmten *New York/Hungária* am Großen Ring. Dichter, Künstler und Lebemänner saßen hier fast rund um die Uhr, diskutierten, träumten von einer besseren Gesellschaft, von der Absetzung der Habsburger. Einer der Idealisten war der Dichter Sándor Petőfi, ein lyrischer Kopf voller patriotischer Freiheitsgedanken. Am 3. März 1848 begannen sie, ihre Träume in Taten umzusetzen. Im Pilvax hatte Petőfi sein „Nationallied“ geschrieben, am Morgen dieses Märztages schließlich zogen sie von hier zum Nationalmuseum und lasen es dort vor. „Beugen wir uns den Tyrannen nimmermehr“, hieß es darin – es war der Aufruf zur Revolution.

Oft trafen sie sich in den nächsten Monaten im Pilvax, das Café war eine Art intellektuelle Kommandozentrale des Widerstands. Es half nichts. Petőfi wurde im Sommer 1849 im Alter von 26 Jahren auf dem Schlachtfeld getötet, der Aufruhr war niedergeschlagen. Kurz zuvor hatte Petőfi noch geschrieben: „Revolution – wen kümmert's noch? Ihr Ruf verklang, oh Schmach und Schande.“ Vorbei war damit auch die große Zeit des Café Pilvax.

Das Ergebnis ist traurig. 1969 baute man das Hotel Duna-Intercontinental, 1981 das Forum, ein Jahr später das Atrium Hyatt. Alle drei sind stillose Zweckbauten mit wenig Atmosphäre, nicht im Entferntesten zu vergleichen mit den Luxushäusern der Vorkriegszeit. Hier wird amerikanischen Touristen „real Budapest" vorgegaukelt.

Einzig das *Wiener Kaffeehaus* im Hotel Forum ist wegen der ausgezeichneten Qualität der Torten und Kuchen einen Besuch wert. Das Ambiente erinnert eher an ein „Alpen Coffeehouse" in Las Vegas – die Preise ebenso.

Nun folgt ein Bummel zurück, wieder vorbei am Vigadó tér und entlang der Donau. Von hier hat man einen schönen Blick auf die **Elisabethbrücke** ❽, benannt nach Kaiserin „Sisi", der wegen ihrer Sympathie für Ungarn verehrten Gattin Kaiser Franz Josephs I.

Hier stand einst die 1897 bis 1903 erbaute Kettenbrücke (s. S. 52), zu ihrer Zeit einzige Brücke der Welt, die eine Distanz von 290 m mit nur einem Bogen überspannte. 1944 wurde sie von den Deutschen gesprengt. So baute man 1961–1964 die 333 m lange erste Kabelbrücke Europas.

Phantastischer, verspielter Klassizismus – die Redoute

2

Seite 49

Rund um den Petőfi tér

Der Weg führt weiter zum **Petőfi tér** ❾. Hier wurde 1882 ein Denkmal für den Freiheitsdichter Sándor Petőfi errichtet, einen der Wortführer der Märzrevolution des Jahres 1848. Es zeigt, wie er zum ersten Mal den gebannten Zuhörern sein „Nationallied" vorträgt.

Denkmal des Freiheitsdichters Sándor Petőfi

Einen Besuch wert ist auch die * **Griechisch-Orthodoxe Kirche** (1791–1794) an der Ostseite des Platzes. Noch heute werden die Gottesdienste in ungarischer Sprache gehalten.

* Péterffy Palais

Das einzige noch erhaltene barocke Wohnhaus in Budapest ist um die Ecke in der Pesti Barnabás utca 2 zu sehen.

Schon seit dem 18. Jh. ist die Váci utca Einkaufsstraße

Es wurde 1755 von einem Salzburger Architekten gebaut. Interessant ist hier, dass der Eingang des Hauses tiefer als die Straße liegt. Auf diesem Niveau befand sich das Pest des 18. Jhs. Das Restaurant *Százéves* („Das Hundertjährige") im Erdgeschoss kocht nach uralten Rezepten, und das nicht schlecht. Allerdings ist es sehr touristisch, und die Preise sind eher ihrer Zeit voraus.

2

Seite 49

* Innerstädtische Pfarrkirche ⑩

Auf der anderen Seite des Petőfi tér steht am Március 15 tér das älteste Gebäude in Pest. Die Pfarrkirche wurde 1725–1739 im Barockstil erbaut unter Verwendung vieler Teile einer gotischen Kirche., die während der Türkenkriege zerstört worden war. Jene war um das 10. Jh. aus Steinen der römischen Festung *Contra Aquincum* erstellt worden. Die Überreste sind hinter der Kirche zu besichtigen. Beim Bau der Elisabethbrücke 1897 hatte man allen Ernstes erwogen, diese interessante Kirche abzureißen. Man kam davon ab, geopfert wurde statt dessen das alte klassizistische Rathaus.

Berühmte Einkaufsstraße

Der Spaziergang führt nun in die belebteste Straße Budapests, die **Váci utca.** Dort, wo heute teure Boutiquen die gleichen Massenwaren anbieten wie in allen anderen Großstädten, war bereits im 18. Jh. eine Einkaufsstraße, die vor dem Ersten Weltkrieg gar zu den berühmtesten Europas zählte!

Die sozialistischen Machthaber nutzten sie als Vorzeigemeile des Systems. Westtouristen bot man hier Markenware zu Dumpingpreisen an, während die Einheimischen mangels Devisen draußen bleiben mussten. Heute haben sich hier die üblichen Handelsketten angesiedelt – unerschwinglich hoch sind die Mieten für die kleinen Händler.

Doch noch immer führt die „normalen" Budapester ihr Weg höchst selten hierher. Es gibt viele Menschen in der Stadt, die schon seit Jahren keinen Fuß mehr auf die Váci utca gesetzt haben – viele Intellektuelle aus Trotz und Protest gegen die grenzenlose Kommerzialisierung, andere, weil sie schlicht kein Geld haben. Wer mag, kann etwas bummeln und dann und wann einen Blick auf interessante Häuser werfen. Die Nr. 11 z. B. mit den schönen Türm-

Weg 1
- ❶ Burgpalast
- ❷ Sikló (Standseilbahn)
- ❸ Matthiaskirche
- ❹ Fischerbastei
- ❺ Wiener Tor

Weg 2
- ❻ Vörösmarty tér
- ❼ Redoute
- ❽ Elisabethbrücke
- ❾ Petőfi tér
- ❿ Innerstädtische Pfarrkirche
- ⓫ Pariser Hof

Weg 3
- ⓬ Kettenbrücke
- ⓭ Kossuth Lajos tér
- ⓮ Parlament
- ⓯ Postsparkasse
- ⓰ St.-Stephans-Basilika

2

Seite 49

chen und Ornamenten wurde von dem ungarischen Jugendstilpapst Ödön Lechner gebaut. In sehr sehenswertem Jugendstil erbaut ist auch das Haus mit der Nr. 9, gleich daneben. Weitaus ruhiger wird die Váci utca nach Süden hin. Unterwegs bietet sich ein Abstecher zum * **Pariser Hof** ⓫ vorne am *Franziskanerplatz* (Ferenciek tere) an. Jenes gewaltige Jugendstilgebäude an der Ecke zur Petőfi Sándor utca wurde 1911 als Mietshaus gebaut.

Prunkstück des Hauses ist eine große, ypsilonförmige Ladenpassage, durch farbige Glaskuppeln schummrig beleuchtet. Man sollte durch eines der Treppenhäuser in die oberen Stockwerke gehen und durch ein Fenster die herrliche Dachkonstruktion bewundern.

Verlässt man den Pariser Hof in Richtung Ferenciek tere, fällt der Blick rechts auf zwei spiegelbildlich gebaute große Häuser links und rechts der Szabadsajtó út. Diese * **Klothilden-Paläste** wurden 1902 als Mietshäuser errichtet und galten weltweit als architektonische Sensation. Auftraggeberin war die österreichische Erzherzogin Klothilde.

Von der * Franziskanerkirche zur * Markthalle

Auf der anderen Seite der Szabadsajtó út erreicht man nun den ruhigeren Teil der Innenstadt. Die Váci utca setzt sich hier als schmales, von Autos befahrenes Gässchen fort.

* Franziskanerkirche

Die Kirche, 1727–1743 als barocke Hallenkirche erbaut, befindet sich an der Unterführung der Szabadsajtó út. Zuvor stand dort ein Kloster aus dem Jahre 1288, das die Türken 1541 zur Moschee umbauten und bis zu ihrer Vertreibung 1688 nutzten. Die Franziskaner beließen sie so fast 50 Jahre und feierten in der Moschee ihre Gottesdienste, ehe sie sich entschlossen, eine neue Kirche zu bauen. An der Kirchenmauer ist eine Markierung angebracht, die zeigt, wie hoch das Wasser bei der fürchterlichen Flutkatastrophe im Jahre 1838 stand. Das Bronzerelief „Schiffer in der Flut“ von Barnabás Holló gedenkt des großen Einsatzes von Miklós Wesselényi, der bei dieser Überschwemmung vielen das Leben rettete.

Nun sollte man einfach entlang der südlichen Váci utca bummeln. Hier gibt es viele kleine Cafés zum Einkehren.

* Freiheitsbrücke

Die Freiheitsbrücke (Szabadság híd) am Fővám tér wurde anlässlich der Millenniumsfeier am 4.Oktober 1896 eröffnet, als der österreichische Kaiser und ungarische König Franz Joseph höchstpersönlich einen Dampfhammer in Bewegung setzte, der eine silberne Niete in die Stahlkonstruktion einschlug. Links und rechts der Straße stehen zwei Zollhäuschen, im linken ist der Namenszug „Franz Joseph“ eingemeißelt.

* Zentrale Markthalle

Das große Gebäude aus Stahl und Glas gegenüber dem Fővám tér wurde Ende des vergangenen Jahrhunderts erbaut und galt als eine der modernsten Markthallen in Europa. Die Händler konnten ihre Ware auf einem unterirdischen Kanal von der Donau bis in die Halle fahren. Seit Ende 1990 war die Halle geschlossen, viele der Eisenträger, von Rost zerfressen, drohten zu brechen. Die Händler zogen drei Straßen weiter in einige alte Lagerhallen direkt an der Donau in der Közraktár utca.

In den Jahren 1993 und 1994 wurde die Markthalle mit großem Aufwand sehr schön renoviert. Allerdings entbrannte bald eine heftige Diskussion darüber, ob denn alle alteingesessenen Händler ihre Stände wieder bekommen sollten, und wenn ja, zu welchen Preisen. Man fand schließlich einen Kompromiss. Zugelassen sind jetzt die alten Händler und auch neue – und viel Geld bezahlen müssen sie alle.

Weg 3

Vörösmarty tér – ** Parlament – ** St.-Stephans-Basilika

Dieser Spaziergang beginnt wieder am Vörösmarty tér, führt aber in die andere Richtung: hinüber ins Parlamentsviertel, dort, wo die Geschicke Ungarns gelenkt werden, in die Leopoldstadt. Dieses Viertel, in dem das bekannte Parlamentsgebäude steht, ist eines der jüngsten und kleinsten der Stadt. Bevor Mitte des vergangenen Jahrhunderts mit der Bebauung begonnen wurde, war das Gebiet noch ein versumpftes Uferstück, das auch bei geringstem Hochwasser von der Donau überspült wurde.

In der Franziskanerkirche

3

Seite 49

Der Weg führt vorbei an monumentalen Prunkgebäuden wie dem Parlament, der Postsparkasse, der St.-Stephans-Basilika. Besucht werden auch kleine Cafés und Restaurants rund ums Parlament, wo Beamte und Politiker zu Mittag hingehen.

Blick vom Burgberg auf das Parlamentsgebäude

Wie alle Regierungsviertel der Welt leert sich auch das Budapester gegen 18 Uhr, am Wochenende ist kaum eine Menschenseele zu sehen. Den etwa halbtägigen Spaziergang sollte man also an einem Werktag machen, zumal einige Cafés und Restaurants am Wochenende geschlossen haben.

Rund um den Roosevelt tér

Vom **Vörösmarty tér** geht der Weg rechts am Café Gerbeaud vorbei zum József Nádor tér, einem hübschen kleinen Platz, umgeben von einigen schönen, klassizistischen Mietshäusern. Er ist benannt nach Erzherzog Joseph, der

Die 1896 erbaute Freiheitsbrücke, bis 1945 Franz-Josephs-Brücke

von 1795 bis 1848 Stellvertreter des Königs war. Sein Denkmal steht in der Mitte des Platzes. Nun geht es vor bis zur József Attila utca und links bis hinab an die Donau zum Roosevelt tér.

*Gresham-Palast

Der Roosevelt-Platz ist bekannt, denn im Haus Nr. 5, dem Gresham-Palast, befindet sich das Fremdenverkehrsamt. Kaum jemand aber nimmt sich die Muße, dieses Bauwerk näher anzusehen. Erbaut wurde dieses mächtige Jugendstilgebäude 1904–1907 als Sitz der gleichnamigen britischen Versicherungsgesellschaft. Es galt als sehr luxuriös, da es Zentralheizung und mehrere Fahrstühle hatte.

Seite 49

Zu legendärem Ruf kam in den zwanziger Jahren die „Greshamer Tischgesellschaft“, ein Disputierzirkel, der sich wöchentlich in dem Café des Hauses traf. An der Vorderseite des Hauses ist ein goldenes Porträt zu sehen. Es zeigt den Gründer der Gesellschaft, Sir Thomas Gresham, auf dessen Initiative die Londoner Börse gegründet wurde.

Dominiert wird der Roosevelt tér leider von dem hässlichen Bau des Hyatt Hotels an der südlichen Stirnseite und von dem dreispurigen Verkehr. Dennoch lohnt ein kurzes Verweilen. Auf dem Platz stehen zwei Denkmäler. Das vor dem Hotel stellt Ferenc Deák dar, der im Jahre 1867 mit Österreich den „Ausgleich“ aushandelte, aus dem die Doppelmonarchie hervorging.

**Kettenbrücke ⑫

Sein Gegenüber, Graf István Széchenyi, „der größte Ungar“, war u.a. Mitbegründer der legendären Donaudampfschifffahrtsgesellschaft, er finanzierte die Ungarische Akademie der Wissenschaften und den Bau der Kettenbrücke, die ja auch seinen Namen trägt (Széchenyi Lánchíd) Am besten ist die Brücke natürlich von der Burg aus zu sehen, doch auch vom Roosevelt tér macht sie einen imposanten Eindruck. Eröffnet wurde sie 1849 als erste Budapester Brücke. Graf Széchenyi reiste in einige europäische Großstädte, um sich ein Bild von den verschiedensten Brückenbauten zu verschaffen. Er beauftragte schließlich die – nicht miteinander verwandten – Engländer William und Adam Clark mit der Planung der 375 m langen und 2000 t schweren Brückenkonstruktion.

Adam Clark baute auch den nach ihm benannten Tunnel durch den Burgberg, die Verlängerung der Kettenbrücke. 1900 wurde die Brücke abgerissen und durch eine stärkere ersetzt. Gleiches geschah 1949, nachdem die Deutschen 1945 die Brücke gesprengt hatten.

Konsequent

Adam Clark prahlte bei der Eröffnung, wenn jemand einen Fehler an der Brücke fände, würde er sich in die Donau stürzen. Später ging er tatsächlich in den Freitod; bis heute hält sich die Legende, er hätte dies getan, weil den steinernen Löwen vor den klassizistischen Torbögen die Zunge fehlte.

Die *Akademie der Wissenschaften

beherrscht den Norden des Roosevelt tér, ein gewaltiger Komplex im Neorenaissancestil von 1864–1865. Architekt war der Berliner Friedrich August Stüler, Bauleiter der berühmte Miklós Ybl. Am zweiten Stock der Hauptfassade erkennt man Allegorien der sechs damaligen Fakultäten: Jura, Naturwissenschaft, Mathematik, Philosophie und Sprach- und Gesellschaftswissenschaft.

Nun führt der Weg die Donau entlang oder durch die Akadémia utca vorbei an schönen klassizistischen Gebäuden wie dem 1836 erbauten *Tänzer-Haus* in der Nr. 1–3 bis zum Kossuth Lajos tér, dem großen Platz vor dem Parlament. Hier sollte man in einem der typischen Budapester Stehrestaurants einkehren, und sei es, um einen Kaffee zu trinken.

Das *Delicatesse* gleich rechts von der Akadémia utca ist ein von außen unscheinbares Lokal mit großen Schaufenstern. Drinnen werden in Kühltheken allerlei schwere Salate, kalte Schnitzel, Würste und Eier in Aspik angeboten. Berechnet wird nach Gewicht, dazu gibt es frisches Weißbrot. Hier verbringen viele Regierungsbeamte ihre Pausen.

Der Kossuth Lajos tér

Benannt ist der **Kossuth Lajos tér** ⓭ nach Lajos Kossuth, dem Führer der Unabhängigkeitsbewegung 1848/49 und späteren Präsidenten. Das Denkmal im hinteren Teil des Platzes zeigt ihn im Kreise seiner Anhänger.

Der Herr zu Pferd auf dem vorderen Teil des Platzes ist Ferenc II. Rákóczi, Fürst von Siebenbürgen und Ungarn, der einst das Leben eines Filous führte. Nach einem Gesinnungswandel im Jahre 1703 stellte er sich an die Spitze des Kurutzenaufstandes gegen die Habsburger.

Kettenbrücke bei Nacht

*Ethnographisches Museum

Das Museum in Nr. 12 gegenüber dem Parlament war einst das Ungarische Nationalmuseum. Erstellt wurde das Gebäude von 1893 bis 1896 als Justizpalast. Darauf weisen die Statuen an der 125 m langen neobarocken Hauptfassade hin, die Gesetz und Gerechtigkeit symbolisieren.

Architekt war der berühmte Alajos Hauszmann. Das Museum zeigt interessante Gebrauchsgegenstände und Volkskunst aus Ungarn, so die Einrichtungen von 25 Bauernhäusern aus allen Teilen des Landes. Sonderausstellungen sind bäuerlichen Stickereien und Sammlungen aus außereuropäischen Kul-

Eingangshalle des Ethnographischen Museums

3
Seite 49

turen gewidmet. Das Museum verfügt über mehr als 150 000 Objekte, eine Handschriftensammlung von zwei Millionen Blättern und eine Fotothek mit 300 000 Bildern und 80 000 m Film.

Gleich daneben steht das *Landwirtschaftsministerium,* ein mächtiger Bau aus den Jahren 1885 bis 1887.

Das **Parlament

3

Seite 49

Das dominierende Gebäude am Kossuth Lajos tér ist natürlich das **Parlament ⓮**. Das riesige Bauwerk sollte sich nach dem Willen seiner Planer an den englischen „Houses of Parliament“ orientieren und an die dort funktionierende Demokratie erinnern. In Wirklichkeit geriet das ungarische Parlamentsgebäude um einiges größer, es stellt auch das Weiße Haus in Washington in den Schatten.

Der Bau wurde im Dezember 1880 beschlossen. Die Habsburger hatten nichts dagegen einzuwenden, die Beziehungen zu Österreich hatten sich weitgehend normalisiert.

Viele Architekten bewarben sich um den Auftrag, das Prestigeprojekt zu planen, die meisten Entwürfe schlugen einen Bau im Stil der Neorenaissance vor. Den Zuschlag erhielt Imre Steindl, der sich an der englischen Neogotik orientierte. Steindl schuf von 1885 bis 1902 eines der größten Bauwerke der damaligen Welt: 268 m lang, 118 m breit und 96 m hoch. Das Parlament hat 27 Tore und 691 Räume, alle Treppen sind zusammen 20 km lang, die Gesamtfläche des Baus beträgt 473 000 m².

Steindl beließ es nicht bei der reinen Neogotik. Er gab dem Bau mit der türkisch anmutenden Kuppel einen orientalischen Touch, integrierte neoromanische Arkadengänge und verarbeitete, besonders bei der Innenausstattung, byzantinische, venezianische und barocke Elemente. Im Südflügel tagte bis zu seiner Auflösung im Jahre 1945 das Oberhaus, heute ist er der Sitz der Nationalversammlung. Alle Sitzungs- und Tagungsräume sind mit Fresken, Gemälden und Gobelins geschmückt.

Tipp Das Parlamentsgebäude kann nur in Gruppen nach Voranmeldung besichtigt werden. Auskünfte erteilt das IBUSZ-Reisebüro (s. S. 92).

Der Weg führt zurück, am *Októberi vértanúk tere* vorbei in die *Vécsey utca.*

Liebhaber urwüchsiger Cafés sollten in Nr. 5 im *Santos* Rast machen. Ein herrlich schmuddeliges, typisch Budapester Espresso, Treffpunkt aller Wichtigen und Unwichtigen des Viertels.

Der Freiheitsplatz

Die Vécsey utca führt direkt auf den *Szabadság tér,* den Freiheitsplatz. Auf diesem prachtvollen Platz stand bis 1897 ein riesiger Gefängniskomplex, in dem 1849 der Ministerpräsident der ersten ungarischen konstitutionellen Regierung, Graf Lajos Batthyány, inhaftiert und später erschossen wurde. Zu seinem Gedenken brennt in der vom Platz abzweigenden Aulich utca ein *Ewiges Licht.* Der Szabadság tér ist gesäumt von herrlichen Gebäuden im Jugendstil und im Stil des Historismus.

An der Westseite des hufeisenförmigen Platzes steht das Gebäude des *Ungarischen Fernsehens* (MTV), gegenüber das der *Ungarischen Nationalbank.* Beide sind um 1900 von Ignác Alpár gebaut, beide eklektizistisch mit vielen Jugendstilelementen.

**Postsparkasse ⓯

Das Prunkstück des Platzes aber ist die Postsparkasse in der Hold utca 4. Dieses reine Jugendstilwunderwerk wurde von 1899–1902 von Ödön Lechner geschaffen. Lechner experimentierte mit Elementen der persischen, indischen und ungarischen Volkskunst. Das Dach ist mit sechseckigen Ziegeln in den Farben Rot, Gelb, Blau und Braun gedeckt, der Giebelbereich verziert mit phantasievollen Majolika-Motiven. Lechner verwendete für das Gebäude glasierte

Tonplatten, die er in der Keramikfabrik Zsolnay im südungarischen Pécs herstellen ließ.

Das Haus war als Wohn- und Bankgebäude konzipiert, ein wellenförmiges Gesims trennte die beiden Bereiche. 1992 wurde es von Grund auf renoviert, besichtigt werden kann nur der Schalterraum im Erdgeschoss. Von der Nagysándor József utca hat man einen schönen Blick auf das bunte Dach.

Wer nun Lust auf ein gutes Mittagessen hat, sollte einige Meter weiter in die Hold utca 15 gehen. Dort, im *Tüköry Söröző* wird bestens ungarisch gekocht, außerdem gibt es ein gutes Bier vom Fass. Geöffnet ist werktags von 10 bis 24 Uhr, allerdings ist es mittags schwer, einen Platz in dem einfachen Lokal zu bekommen. Regierungsbeamte sind Stammgäste. Kommt man jedoch gegen 14 Uhr, hat man meistens Glück.

** St.-Stephans-Basilika

Die am Szent István tér gelegene **St.-Stephans-Basilika** ⓰ ist die größte Budapester Kirche, mit 96 m genauso hoch wie das Parlament und bietet für 8500 Menschen Platz.

Erbaut wurde sie 1851 bis 1905 von den Architekten József Hild, Miklós Ybl und József Kauser. Hild hatte klassizistisch angefangen, was Ybl nach dessen Tod weiterführte. Das Gebäude stürzte infolge falscher Statik 1867 zusammen; die Aufräumarbeiten dauerten sieben Jahre. Dann baute Ybl im Stil der Neorenaissance weiter, errichtete aber nur zwei der ursprünglich vorgesehenen vier Türme. Nach seinem Tod im Jahre 1891 vollendete Kauser das Werk.

1944 schmiedete man aus den mächtigen Bronzeglocken der St.-Stephans-Basilika Kriegswaffen. 1990 stiftete die Stadt Passau ein neues Geläut – zum Dank dafür, dass Ungarn 1989 den flüchtenden DDR-Bürgern die Grenzen geöffnet hatte.

Die St.-Stephans-Basilika mit 8500 Plätzen

Keramikziegel der Postsparkasse

Das monumentale ungarische Parlamentsgebäude

3
Seite 49

Weg 4

Rund um den Moszkva tér

Dieser Spaziergang ist etwas ungewöhnlich, weil er durch eine Gegend führt, in der sich sonst nur wenige Touristen bewegen. Die grobe Route ist nicht verbindlich, es werden eigentlich nur einige Tipps gegeben, wo dieser typische Budapester Platz besonders interessant ist, wo die schönsten Weinkeller sind, wo es die besten Würste gibt, welche Ecken historisch von Bedeutung sind.

4

Moskauer Platz

Seite 48

Der **Moszkva tér** ist an sich hässlich. Mitten auf dem Platz steht das gewaltige Gebäude, das als Bus- und Straßenbahnbahnhof fungiert, in der Tiefe rumpelt die „Rote U-Bahn" der Linie 2. Der Platz ist meist dicht bevölkert. Werktags warten in aller Frühe Arbeitslose darauf, dass ein Unternehmer im Schritttempo vorfährt und eine Handvoll Männer mitnimmt – für einen Tag ein schlecht bezahlter Job.

Am Wochenende treffen sich hier ähnlich viele Menschen zu ähnlich früher Stunde. Sie aber fahren mit Bahn oder Bus in die Budaer Berge, sie gehen wandern.

Wenn man den Platz überblicken möchte, geht man ein Stück den Vérmező út hinauf. Dort an der Steige findet werktäglich ein kleiner Flohmarkt statt. Bäuerinnen aus der Umgebung verkaufen Obst und Gemüse, junge Männer Gebrauchtwaren. Unten sieht man Menschen aus Bussen oder Bahnen aussteigen. Für die Bewohner der nördlichen und westlichen Budaer Stadtteile bedeutet der Moskauer Platz so etwas wie „Innenstadt". Hierher fährt man zum Einkaufen, hier gibt es alles.

Früher, als alle noch Arbeit hatten, quollen am Nachmittag Scharen von Männern aus den Bussen und Bahnen und verteilten sich zielstrebig in die unzähligen *borozók,* die Weinspelunken rund um den Platz, oder sie setzten sich auf ein Gläschen in eines der *presszos,* der kleinen verrauchten Cafés mit den vergilbten Vorhängen, die überall in den anderen Stadtvierteln leider langsam aussterben. Nur am Moskauer Platz, da scheinen sie sich zu halten.

Das **kisposta** („Kleine Post") ist jetzt nur wenige Schritte entfernt auf dem Krisztina körút 2–4, gleich hinter dem Großen Postamt, jenem weißroten, verschnörkelt verzierten Gebäude. In den Polstergarnituren im Stil der Fünfzigerjahre erholen sich die Briefträger nach Feierabend, und manchmal setzt sich sogar einer ans Klavier, und die anderen fangen an zu tanzen.
Das **Busz Eszpresszó** am Moszkva tér Nr.5 ist ein weiteres alteingesessenes Presszo. Runder Tresen, fast leere Kühltheke, im Schaufenster schmuddelige Vorhänge.

Das **Luckies** gleich daneben in Nr. 6 ist eine Mischung aus Kneipe, Restaurant und Diskothek. Drinnen viel Alu, Glas und Bistrogestühl, der Innenhof durchsichtig überdacht. Hier treffen sich die Budapester Yuppies, tanzen zu lauter Musik und zahlen fürs Bier so viel wie in Zürich oder Berlin.

Etwas weiter unten beginnt links die **Dékán utca**. An der Ecke stehen in einer langen Reihe Frauen vom Land oder aus Siebenbürgen. Sie verkaufen Textilien, bestickte Decken oder gestrickte Pullover.

In den Seitenstraßen

Geht man in die Dékán utca hinein, gelangt man vorne an der Retek utca zu einem der interessantesten Märkte der

Stadt, dem **Markt am Moskauer Platz**. Er wird in einem hässlichen Zweckbau abgehalten, doch dafür ist drinnen die Atmosphäre um so besser. Im vorderen Erdgeschossbereich des Gebäudes werden Haushaltswaren und Kleidung verkauft. Im Innenhof haben die professionellen Metzger ihre Läden. Hier kann man sich heiße kolbász kaufen, die geräucherte Schweinswurst.

Ankunft am Moskauer Platz

In der ersten Etage verkaufen Bauern aus dem Umland ihre Erzeugnisse. Sie haben auf Holztischen Gemüse aufgetürmt, selbst gemachte Würste, Schinken, Marmelade, Obstschnäpse. Die Geschäfte gingen immer schlechter, sagen sie, die Leute hätten kein Geld mehr. Auch sind die Preise stark gestiegen.

Auf dem Markt am Moskauer Platz gibt es die besten *lángos* der Stadt, in Fett ausgebackene Hefeteigfladen, die traditionell mit einer Knoblauchsoße gegessen werden. Viele junge Leute essen sie bevorzugt mit Ketchup.

Besonders schmackhaft: ungarischer Magenbitter

Neben dem Markt, an der Ecke Retek utca und Fény utca, sind an dem Eckhaus mit den runden Balkonen viele Einschusslöcher zu sehen.

Es sind die Spuren der Straßenkämpfe während des Aufstands von 1956. Einige Meter weiter, in der Fény utca 8, hat gerade ein alteingesessener Zuckerbäcker seinen Laden renoviert.

Die Konditorei **Elek August** verkauft hier seit 1836 feinste Süßwaren. Von der Tradition des Hauses zeugen Dokumente, die in dem postmodernen Geschäft an der Wand hängen. So schloss der Spross der Familie, Alexius August, am 14. Oktober 1852 seine Lehre ab und wurde von seinem Lehrherrn „seiner Geschicklichkeit und seines Wohlverhaltens halber“ aufs Beste empfoh-

Krämerladen am Moszkva tér

4
Seite 48

len. Heute erinnert außer der vorzüglichen Qualität des selbst gemachten Marzipans relativ wenig an die gute alte Zeit.

Wen es zu einer Einkehr zieht, der sollte in die Dékán utca 3 gehen, ins **Sörözö a Szent Jupáthoz** (Eingang in der Retek utca). Dieses alteingesessene, typische Budapester Restaurant mit seinen schweren hölzernen Sitzecken hat rund um die Uhr geöffnet. Es gibt original Ungarisches, also deftige Kost, Fleisch in rauhen Mengen. Spezialität ist die „Suppe für den frisch verheirateten Mann", ein Eintopf mit Spätzle, Wurst, Rauchfleisch und viel Gemüse.

4

Seite 48

Es wird nun Zeit für den Besuch eines typischen Budapester borozó, einer jener Kellerspelunken, in denen sich traditionell die Arbeiter treffen, um nach Arbeitsschluss einen zu trinken.

Typisch ist zum Beispiel das **Kecskeméti borozó** unten an der spitzen Ecke Retek utca/Széna tér. Ein längliches, schwarzes Schild zeigt an, dass die Durstigen einige Stufen nach unten gehen müssen, hinab in die Spelunke. Früher gab es Hunderte dieser Kneipen, doch auch sie werden immer weniger. Man steht einfach herum, trinkt Wein, plaudert. Der Wein wird mit einer Schöpfkelle aus offenen Fässern ausgeschenkt, die in die Theke eingelassen sind. Ein Zehntel Liter kostet nur wenige Pfennige. Im Angebot ist meist Riesling, Muskateller, Grauer Mönch *(szürkebarát)* oder der süßliche oporto. Viele Gäste lassen sich den Wein auch mit Sodawasser versetzen, dieses Schorlegetränk *(fröccs)* gibt es in verschiedenen, genau definierten Mischungsverhältnissen. Zum Essen werden Schmalzbrote mit Schnittlauch, Zwiebeln und Paprika, manchmal auch hartgekochte Eier angeboten. Wer kräftigeren Appetit verspürt, geht hinüber in die Markthalle und holt sich eine *kolbász*, eine geräucherte Schweinswurst.

Széna Tér und Városmajor

Verlässt man das *Kecskeméti borozó*, steht man auf dem **Széna tér**, einem kleinen, aber historischen Platz. Hier kamen 1956 viele Menschen zu Tode, einige der Kämpfer vom Széna tér wurden sogar hingerichtet. Auf der kleinen Grünfläche gegenüber sind sieben *kopjafa* aufgestellt, jene siebenbürgischen Totenpfähle, die auf den Friedhöfen die Grabsteine ersetzen. Eine schwarze Marmortafel erinnert an die Toten.

Jetzt kann man noch etwas durchs Viertel streifen.

Das mit Waren voll gestopfte Hinterhofgeschäft in der Margit körút 95 ist ein komplettes Kaufhaus auf engstem Raum.

Stilvolle Kellerkneipen

Zugegeben, ein *borozó* ist kein Hort gehobener Gastlichkeit, doch eine typische Budapester Einrichtung, die auch in Intellektuellenkreisen um so mehr geliebt wird, je mehr sie dem Modernisierungswahn zum Opfer fällt. Rund um den Moskauer Platz gibt es noch viele dieser Kellerkneipen, man muss nur die Augen offen halten, denn oft sind sie nicht leicht auszumachen.

Gegenüber beginnt auf der nordwestlichen Seite des Moskauer Platzes der Park **Városmajor,** ein Hort der Ruhe und Beschaulichkeit. Die ehemalige Heuwiese hat man Ende des 18. Jhs. zum Barockgarten umgestaltet. Zu besichtigen ist auch ein Kirchlein im verspäteten Jugendstil, das 1935 erstellt wurde. Exakt 1846 Bäume sollen in dem Park stehen, darunter sind uralte Eschen, Erlen, Ulmen und Weiden. An der nördlichen Seite wächst ein siebenstämmiger Judasbaum. Der Park ist ein idealer Ort für einen ruhigen Spaziergang – und sei es, um Kräfte zu sammeln für das nächste *borozó*?

Weg 5

Deák tér – Andrássy út –
**** Westbahnhof – * Heldenplatz**

Der Weg fängt an am Deák tér, nur wenige Schritte vom Vörösmarty tér entfernt. Er ist einer der geschäftigsten Plätze der Stadt und – obwohl reichlich hässlich – auch sehr interessant. Hier beginnt man einfach den Bummel auf den „Budapester Champs-Elysées", der einstigen Prachtstraße, vorbei an der Staatsoper, einigen Museen und interessanten Gebäuden mit einem kurzen Abstecher zum Westbahnhof, einem der schönsten Bauwerke seiner Art in Europa.

5

Dann geht es weiter bis hinaus zum Heldenplatz, jenem pompösen Platz vor den Toren des Stadtwäldchens mit seinen beiden weltberühmten Kunstmuseen. Wer möchte, kann auch einige Stationen mit der „Kleinen U-Bahn" fahren. Sie verläuft nur wenige Meter unter der Straße, man hört die Wägelchen alle paar Minuten rumpeln.

Seite 66

Der Weg geht auch vorbei an zwei wunderschönen Kaffeehäusern. Nimmt man sich Zeit für eine Rast und ausführliche Besuche der Museen, so kann man durchaus einen Tag für diesen Spaziergang veranschlagen.

Am Deák tér

Der Deák tér ist einer der größten Plätze Budapests und führt ein bisschen ein Schattendasein. Er taugt als Treffpunkt für eine Verabredung, als Parkplatz oder als Schnittpunkt aller U-Bahnlinien der Stadt. Doch als eigentlicher Platz wird er fast nie wahrgenommen. Zuviel Verkehr wälzt sich über ihn, zu laut ist er, und zu schmutzig ist die Luft. Schade, denn eigentlich wäre der Platz recht hübsch und von interessanten Gebäuden gesäumt. Jahrhundertelang wurde hier täglich ein Markt abgehalten.

Benannt ist der Platz nach Ferenc Deák, dem Politiker und ehemaligen Justizminister der revolutionären Batthyány-Regierung, der im Mai 1867 den „Ausgleich" mit Österreich einleitete. An der Ecke zur Deák Ferenc utca war einst eine legendäre Buchhandlung, der „DDR-Shop". Man konnte dort u. a. Bücher erwerben, die in der DDR vergriffen oder aus politischen Gründen aus dem Verkehr gezogen worden waren. Besonders unter Intellektuellen der DDR galt der Laden als Geheimtipp. Auch heute noch werden hier deutsche Produkte verkauft: In dem Gebäude residiert die Porsche-Niederlassung. Angeboten werden vorwiegend billige Autos der spanischen VW-Tochter Seat.

Evangelisches Landesmuseum

In dem Museum am Deák tér 4 wird die Geschichte der ungarischen protestantischen Kirche dokumentiert. Zu sehen ist unter anderem das Testament Martin Luthers, das er 1542 in Wittenberg schrieb. Die angegliederte Kirche aus dem Jahre 1811 ist allein wegen ihrer schlichten, karg anmutenden Einrichtung einen Besuch wert. Sie besaß einst einen Turm, der aber wegen Baufälligkeit abgerissen werden musste.

In Europa Nr. 2

Budapest war 1896 nach London die zweite europäische Stadt mit einer U-Bahn.

Der kleine Platz neben dem Deák tér ist der *Erzsébet tér,* auf dem ein anschauliches Beispiel sozialistischer Zweckbauweise zu bewundern ist: der Zentrale Busbahnhof von Budapest. Hier halten die Fernbusse, hier startet man aber auch zu den Stadtrundfahrten. Gleich daneben ist einer jener Kioske, die rund um die Uhr geöffnet haben. Zu kaufen gibt es dort praktisch alles.

Doch was man hier vom Deák tér sieht, ist nicht alles. Viel Leben spielt sich nämlich unterirdisch ab, in der Unterführung. Bereits Ende des vergangenen Jahrhunderts befand sich hier eine Metrostation.

Kleines U-Bahn-Museum

Das Museum zeugt von der großen Zeit der kleinen Bahn. Eröffnet wurde sie nach nur zwanzigmonatiger Bauzeit anlässlich der Millenniumsfeierlichkeiten 1896. Gerade war die pompöse Andrássy-Straße fertig gebaut, und man wollte auf jeden Fall verhindern, dass auf dieser Prachtstraße die Flaneure von zuviel Verkehr gestört wurden. Also fing man an zu buddeln, schuf nur wenige Meter unter der Oberfläche verlaufende Tunnel und ließ das Bähnchen auf einer Länge von 3,65 km bis zu einer überirdischen Haltestelle im Stadtwäldchen rumpeln.

Für das kleine Museum legte man einen nicht benötigten Tunnel still, stellte darin Wagen der ersten Bauserie aus sowie allerlei Gebrauchsgegenstände und Mobiliar im Jugendstil.

Die Andrássy út

Der Weg führt nun ans Tageslicht und immer entlang der Andrássy út. Diese Straße ist ein reines Kunstprodukt. Schon Mitte des 19.Jhs. hatten die Planungen für die 1000-Jahr-Feiern im Jahre 1896 begonnen. Für dieses bedeutende Ereignis musste eine Flaniermeile her, am besten vom zentralen heutigen Deák-Platz bis hinaus ins Stadtwäldchen. Der Architekt Miklós Ybl wurde in den siebziger Jahren beauftragt, eine solche Prunkstraße auf dem Reißbrett zu entwerfen.

Das Ergebnis war nach heutigen städteplanerischen Gesichtspunkten niederschmetternd. Ybls Plan sah vor, über 219 Häuser abzureißen und sie durch Bauten im Stil des Historismus zu ersetzen. Doch die Stadtväter stimmten zu. Ybl beauftragte eine Reihe berühmter Standeskollegen mit der Planung,

Jugendstilfassade mit Trinkbrunnen am Vörösmarty tér

5

Seite 66

Der Danubius-Brunnen auf dem Erzsébet tér von Miklós Ybl

darunter Stars wie Ödön Lechner, dem es gewiss schwer fiel, seinem geliebten Jugendstil abzuschwören. Als Einziger hielt er sich auch nicht ganz an die Vorgaben und ließ in seinem Palais Drechsler (s. S. 63) gegenüber der Oper den Jugendstil zart anklingen. Die meisten Bauten waren Wohnhäuser wohlhabender Budapester Familien. Wie am Großen Ring sind sie drei- bis vierstöckig und haben meist zwei Treppenhäuser – ein prunkvolles für die Herrschaft, ein einfaches für das Gesinde, das meist in kleinen, dunklen Zimmern zum Hof hin unterkam. Später, in der Zeit des sozialistischen Regimes, wurden die meisten Wohnungen umgebaut und auf gleiche Größe gebracht.

Straßennamen

Die meisten Straßen in Budapest heißen *utca*, das ist ein Relikt aus alter Zeit und heißt Gasse. *Tér* heißt Platz, *út* ist eine Straße, *útja* ein Boulevard. *Körút* werden die Ringstraßen genannt, *sétany* ist eine Promenade und *híd* eine Brücke.

5

Seite 66

Im Jahre 1885 waren die Arbeiten nach 14-jähriger Bauzeit beendet. Man konnte nun durch eine der pompösesten Straßen Europas lustwandeln. Im Laufe der Jahrzehnte wechselte sie mehrmals ihren Namen. Zuerst war sie schlicht die „Radialstraße" (Sugár út), später erstmals „Andrássy út". Nach dem Zweiten Weltkrieg wurde die Prachtmeile moskauhörig „Sztálin út" genannt, zu Zeiten der Revolution 1956 „Straße der Jugend" (Ifjúság útja), danach bis zur Wende 1989 „Straße der Volksrepublik" (Népköztársaság útja). Nun heißt sie wieder so, wie sie die Budapester zu allen Zeiten genannt haben, nämlich Andrássy út, benannt nach Graf Gyula Andrássy, dem einstigen Außenminister der Doppelmonarchie Österreich-Ungarn.

Die Andrássy út war jahrzehntelang überdimensioniert, wie so viele Prachtbauten. Nur wenige Fußgänger und Kutschen verloren sich auf der breiten Straße. Heute sind selbst die vier Spuren zu wenig – der Verkehr staut sich ständig. Doch die Gehsteige sind breit genug, ein Spaziergang wird immer noch zum Erlebnis.

Gleich zu Anfang steht auf der linken Straßenseite das Haus Nr. 3. Es wurde 1884–1886 von Győző Czigler im Stil der Neorenaissance erbaut. Besonders schön sind die Deckenfresken von Károly Lotz im Treppenhaus.

In der Wohnung der einstigen Besitzerfamilie ist das **Postmuseum** untergebracht, eine hübsche Ausstellung mit Exponaten aus den Anfängen des Post- und Fernmeldewesens. Auch das Haus Nr. 5 hat seinen Reiz, besonders die Statuen und Säulen an der Fassade, das Deckenfresko in der Toreinfahrt und der Zierbrunnen im Hof.

*Staatsoper und Umgebung

Im gleichen Stil erbaut, doch wesentlich pompöser, ist das Gebäude auf der gegenüberliegenden Straßenseite, die **Staatsoper** ⓱, Nr. 22. Dieses gewaltige Werk mit vielen Arkaden und Statuen schuf von 1875 bis 1884 Meister Miklós Ybl selbst. Zum Vorbild des Baus im Stil der Neorenaissance und des Neobarock nahm er sich die Wiener Staatsoper. Die Skulpturen neben der Auffahrt stellen Franz Liszt und Ferenc Erkel dar, mit dessen Oper „Bánk bán" das Haus 1884 eröffnet wurde.

Erkel gründete mit Liszt die Budapester Musikakademie. Die Steinmetzarbeiten im ersten Geschoss stellen die vier Musen Terpsichore (Lyrik und Tanz), Erato (Liebeslied und Tanz), Thalia (Komödie) und Melpomene (Tragödie) dar, in der zweiten Etage sind 16 bedeutende Komponisten verewigt (v. l. n. r. Monteverdi, Scarlatti, Gluck, Mozart, Beethoven, Rossini, Donizetti, Glinka, Wagner, Verdi, Gounod, Bizet, Mussorgsky, Tschaikowsky, Moniuszko, Smetana).

Das Innere des Gebäudes ist ebenfalls sehr edel ausgestattet. Prunkstück ist der Große Saal für 1289 Zuhörer mit den hufeisenförmigen drei Rängen und der von Károly Lotz bemalten Kuppel.

Im Lukács

Palais Drechsler ⓲

Direkt gegenüber dem Opernhaus hat sich wieder Ödön Lechner in Nr. 25 verwirklicht. Allerdings fällt das Palais schon aus dem Rahmen seines sonstigen Schaffens. Da er es zusammen mit Gyula Pártos baute, nahm er sich noch zurück. Zwar ist die unruhige Fassade schon ungewöhnlich in der sonst so gemessenen Umgebung, aber er hat sich doch an das Konzept seines Kollegen Miklós Ybl gehalten.

Der Name „Drechsler“ geht auf den Inhaber eines Cafés zurück, das sich früher in dem Gebäude befand. Sechs Pächter gingen allerdings nacheinander bankrott und nahmen sich das Leben. Heute ist hier das Staatliche Ballettinstitut.

Auffahrt zur Staatsoper

Nun könnte es Zeit für eine Rast sein, am besten gleich nebenan im Café **Művész.** Es ist noch mit dem Mobiliar aus der Zeit um 1900 eingerichtet und war einst Treffpunkt vieler Künstler. Es gehörte früher zur staatlichen Hungarhotel-Kette, wurde aber 1993 privatisiert. Der neue Besitzer hat Stil und Atmosphäre erhalten, spart jedoch am Personal, so dass man sich in Geduld üben muss, wenn's voll ist.

Ernst Museum ⓳

Gleich um die Ecke, in der Nagymező utca 10, sollte man sich das kleine Ernst Museum ansehen, 1912 von dem Mäzen Lajos Ernst gegründet. Ausgestellt sind Werke der ungarischen Avantgarde. Ödön Lechner gestaltete Eingang und Treppenhaus des schmalen Gebäudes.

Kleiner als das Wiener Vorbild: die Staatsoper

Pariser Warenhaus

Auch in der Andrássy út 37 war Lechner am Werk. Einst war das Warenhaus (1909) ein führendes Modehaus im Ju-

5

Seite 66

gendstil. Heute ist davon nicht mehr viel zu sehen. Besonders der einstmals herrliche *Lotz-Saal*, ein Ballsaal mit Fresken von Károly Lotz, ist von einem Billigkaufhaus verschandelt.

Vom Oktogon tér zum Heldenplatz

Der Weg führt weiter über den großen, achteckigen *Oktogon tér*, der auch mehrmals seinen Namen wechselte. Auch der Große Ring, der an dieser Stelle *Teréz körút* heißt, wurde anlässlich der Jahrtausendfeier 1896 eröffnet. Er ist 4141 m lang und überall exakt 45 m breit und zieht sich um die gesamte Pester Innenstadt. In sozialistischen Zeiten hieß er Lenin körút, nun ist er wie vor dem Krieg in fünf Abschnitte unterteilt: Szent István körút – Teréz körút – Erzsébet körút – József körút – Ferenc körút. Nach dem Abstecher führt der Weg zurück zur Andrássy út, zum Oktogon tér. Gleich neben dem Platz erinnert die Adresse Andrássy út 60 an eine dunkle Vergangenheit. In den Dreißigern wurden in den Kellern dieses Hauses links gerichtete Intellektuelle vom Horthy-Regime inhaftiert, gefoltert und ermordet. Nach dem Aufstand von 1956 mißhandelte der Staatsschutz AVH die Menschen, denen man Aktivitäten in der Revolution nachweisen konnte, in gleicher Weise.

Die Andrássy út wird von zwei Promenaden gesäumt, die früher als Wege für Reiter und Fuhrwerke dienten.

Seite 66

** Westbahnhof

Das Prunkstück des Großen Rings erreicht man nach wenigen Minuten: den *Westbahnhof* an einem der hässlichsten Plätze der Stadt, dem früheren Marx tér, heute *Nyugati tér*. Gegenüber erhebt sich ein schwarzes Monstrum sozialistischer Architektur, das Kaufhaus *Skála*, davor windet sich eine Straßenüberführung aus schmutzigem Beton. Eigentlich eine Kulisse für einen Gruselfilm oder einen Videoclip für einen Ostblock-Rap. Wäre da nicht auf der anderen Seite jenes geschwungene Bauwerk aus Glas und Stahl, als architektonisch-sinnliches Symbol des Ankommens und Abfahrens.

Entstanden ist der elegante Bau im Zuge der allgemeinen Euphorie zur Tausendjahrfeier. Ein repräsentativer Bahnhof musste her, einer, der jedem Ankömmling gleich vor Augen führt, welch besondere Stadt Budapest doch ist. Also beauftragte man 1870 das Pariser Büro Gustave Eiffel mit der Planung. Vier Jahre später begann man mit dem Bau des größten überdachten Raumes in der k. u. k. Monarchie. Der ausführende Architekt Auguste de Serres schuf je ein neobarockes Abfahrts- und ein Ankunftsgebäude mit mächtigen Kuppeln, dazwischen setzte er die 25 m hohe und 146 m lange Bahnhofshalle mit einer Spannweite von 42 m. Sie ist nur aus Glas und Stahl gebaut, die Streben mussten anfangs sogar aus Paris herbeigeschafft werden. 1877 wurde der Bahnhof schließlich eingeweiht und tat über hundert Jahre seine Dienste.

Im Jahre 1987 allerdings drohte der Prachtbau zusammenzubrechen. Geld für eine Restaurierung war nicht vorhanden, aber man fand eine wenig schöne, doch pfiffige Lösung. Das ehemalige Bahnhofsrestaurant wurde an einen amerikanischen Bulettenbrater verpachtet, und mit dessen Sponsorengeldern konnte der gesamte Bau saniert werden. So kommt es, dass Budapests Jugend nun zwischen Jugendstilnippes ihre Burger mampft und Reisende mit dem Geruch von Pommes-Fett empfangen oder verabschiedet werden.

Im Haus Nr. 67 befindet sich das **Liszt Ferenc Museum** ⑳ in dem der Komponist auch zusammen mit Ferenc Erkel die Musikakademie gründete. Heute ist sein Wohnhaus im Stil der damaligen Zeit gestaltet.

Hier wohnte Franz Liszt

Das Haus Nr. 69 beherbergt das *Staatliche Puppentheater* mit einer großen Sammlung schöner handgenähter Puppen. Besonders für Kinder ist ein Besuch interessant, auch wenn die Stücke in ungarischer Sprache gespielt werden. Im Obergeschoss sind Teile der *Hochschule für Bildende Künste* untergebracht, die Hochschule selbst im Haus Nr. 71.

Kaffeehauskultur lässt sich gegenüber im Haus Nr. 70 erleben. Das **Lukács** ist eines der stilvollsten Cafés der Stadt. Nach der Renovierung werden nun wieder in plüschigem Jugendstilambiente die süßen Köstlichkeiten serviert. Kenner der Szene nehmen übrigens in der ersten Etage Platz.

Der Westbahnhof ist ein Verkehrsdenkmal sondergleichen

Das letzte Stück der Andrássy út ist das prachtvollste. In einstigen Villen haben Klubs, Verbände und Botschaften ihren Sitz. So residiert in der Nr. 101 der *Verband der Ungarischen Journalisten*. Auch dort gibt es ein schönes Café. In der Nr. 103 zeigt das *Hopp Ferenc Museum* 20 000 Exponate, die Ferenc Hopp, ein Ostasienexperte, um 1900 von seinen Reisen mitbrachte. Die China-Sammlung Hopps sehen Sie in der Parallelstraße Gorkij fasor 12.

Kunst und Leute von heute sind in der Andrássy út 112 zu bewundern. Der *Club der Jungen Künstler* war einst eine Brutstätte der Gegenkultur. Heute dient die schön restaurierte Villa für Vernissagen und Jazzkonzerte. Nun sind es noch wenige Meter zu einem pompösen, aber etwas leer wirkenden Platz, dem ** Heldenplatz*, und dem Stadtwäldchen (siehe Weg 7).

Wertvollstes Stück der Musikakademie: die Walcker-Orgel

5

Seite 66

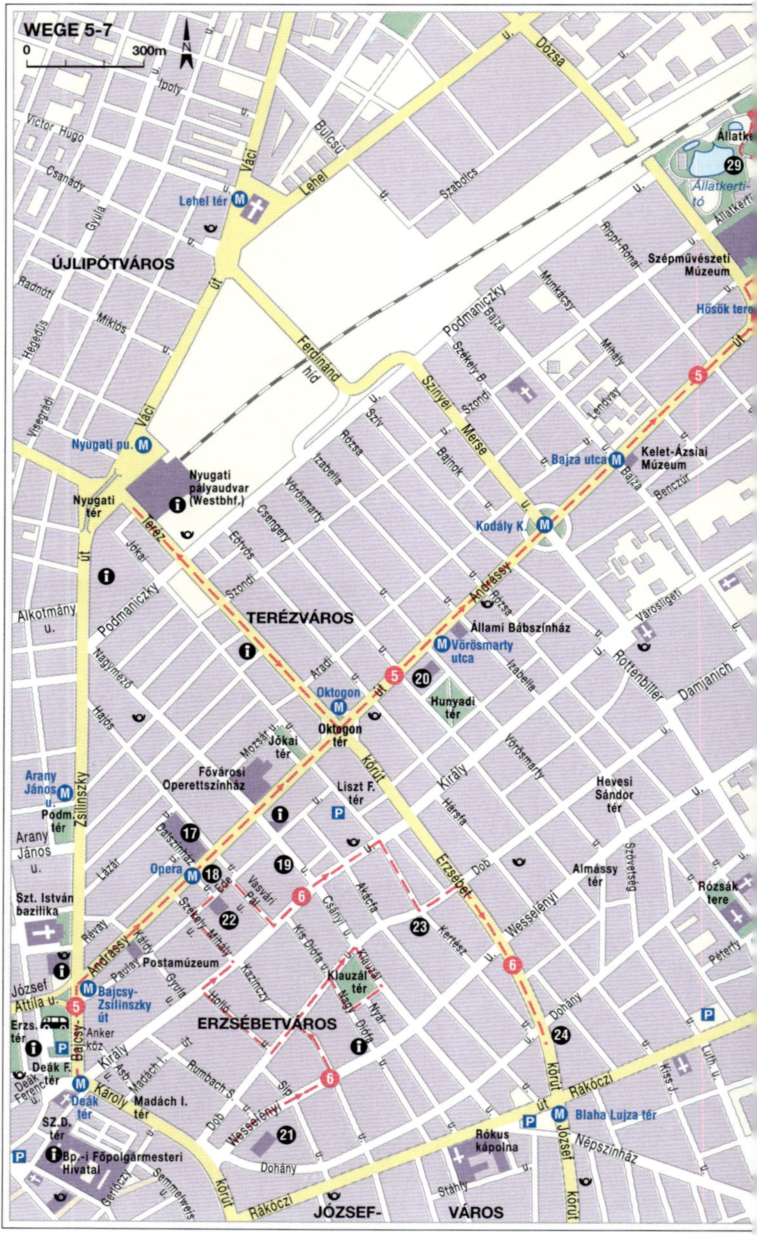
WEGE 5-7
0
300m
N
ÚJLIPÓTVÁROS
TERÉZVÁROS
ERZSÉBETVÁROS
JÓZSEF-
VÁROS
Lehel tér
Nyugati pu.
Nyugati pályaudvar (Westbhf.)
Nyugati tér
Bajza utca
Kelet-Ázsiai Múzeum
Kodály K.
Állami Bábszínház
Vörösmarty utca
Hunyadi tér
Oktogon
Oktogon tér
Jókai tér
Fővárosi Operettszínház
Liszt F. tér
Arany János u.
Podm. tér
Opera
Szt. István bazilika
Postamúzeum
Bajcsy-Zsilinszky út
Erzs. tér
Anker köz
Deák F. tér
Deák tér
Madách I. tér
SZ.D. tér
Bp.-i Főpolgármesteri Hivatal
Klauzál tér
Hevesi Sándor tér
Almássy tér
Rózsák tere
Blaha Lujza tér
Rókus kápolna
Szépművészeti Múzeum
Hősök tere
Állatkerti-tó
Váci
Lehel
Bulcsú
Dózsa
Ferdinánd híd
Szinyei Merse
Andrássy
Teréz
Király
Erzsébet körút
Wesselényi
Dohány
Rákóczi
Károly
Népszínház
József körút
Podmaniczky
Szondi
Rottenbiller
Damjanich
5
6
17
18
19
20
21
22
23
24
29

Weg 5

17 Staatsoper
18 Palais Drechsler
19 Ernst Museum
20 Liszt Ferenc Museum

Weg 6

21 Große Synagoge
22 Arany János Színház
23 Fészek Művészklub
24 Café New York / Hungária

Weg 7

25 Heldenplatz
26 Burg Vajdahunyad
27 Landwirtschaftsmuseum
28 Széchenyi-Bad
29 Zoo
30 Vidám Park

Weg 6

***Große Synagoge – Elisabethstadt – Café New York / Hungária**

Dieser Spaziergang beginnt an der Großen Synagoge, einem der größten jüdischen Gotteshäuser in Europa. Ein Bummel führt durch eines der stimmungsvollsten Budapester Stadtviertel, die Elisabethstadt.

Sehenswürdigkeiten gibt es hier wenige. Es sind die kleinen Sensationen des Alltags, die hier faszinieren. Kleine Läden, eine koschere Metzgerei, eine Lebkuchenbäckerei, ein Schnapsbrenner und die vielen alten, typischen Mietshäuser im Budapester Stil mit offenen Umgängen zum Innenhof hin, und manchmal bis zu sechs Innenhöfen hintereinander, in denen sich ein eigenes Leben abspielt.

Das Elisabethviertel war 1944 das jüdische Getto. Hierher wurden Juden aus allen Teilen Ungarns deportiert. Hier vegetierten über 200 000 u. a. Budapester Juden in Ungewissheit und Sorge. Es waren vorwiegend Frauen und Kinder, die hier auf engstem Raum ihrer Zukunft harren mussten.

Die Männer waren im Arbeitsdienst, an der Front oder in Konzentrationslager verschleppt worden. Eine Erinnerung, die hoffentlich nie in Vergessenheit geraten wird (s. S. 71, „Juden in Budapest“). Der Spaziergang endet auf dem Großen Ring in einem der traditionsreichsten Kaffeehäuser der Stadt, dem New York / Hungária.

6

Seite 66

Die *Große Synagoge

Ausgangspunkt ist ein Gebäude mit zwei Zwiebelkuppeln in der Dohány utca 3, die **Große Synagoge ㉑**. Dieses jüdische Gotteshaus hat eine wechselvolle Geschichte, die mit viel Leid verbunden ist. Erbaut wurde es 1854–1859 von dem Wiener Architekten Ludwig Förster, der auch die Wiener Synagoge errichtet hatte. Er wählte einen romantisierenden Stil mit maurischen Einflüssen. Die Jüdische Gemeinde stellte Förster die ungarischen Architekten Frigyes Feszl und József Hild zur Seite. So entstand ein Sakralbau mit weiß-roter Ziegelfassade, der durch farbige Fayencen und ein filigranes Gesims aufgelockert wird. An den Ecken stehen zwei Zwiebeltürme, zwischen denen ein riesiges Rosettenfenster sitzt.

Der dreischiffige, zweistöckige Innenraum bietet 3000 Sitzplätze. 1929 bis 1931 wurde nach Plänen von László Vágó und Ferenc Faragó ein Seitengebäude im gleichen Stil hinzugebaut. An dieser Stelle stand vorher das Geburtshaus von Theodor Herzl, dem Begründer des Zionismus.

Kulturinfos

Informationen zum Kulturprogramm bieten mehrsprachige Magazine wie „Budapest Panorama“, „Where Budapest“, „Programme in Ungarn“ und „Downtown“. Erhältlich in Touristenbüros, Hotels und an Kiosken.

Die Synagoge bereitete aber viele Probleme. Im Zweiten Weltkrieg wurde sie von 27 Bomben getroffen, zudem hat man später das Seitengebäude abgerissen, das ihr Halt gab. Als man 1991 mit der Renovierung begann, stellte man fest, dass der gesamte Dachstuhl einzustürzen drohte und die statischen Berechnungen erwiesen sich als unzureichend. Eigentlich waren alle tragenden Teile zu schwach. Erstellt wurden sie u.a. von jenem József Hild, der auch für den Einsturz der Basilika im Jahre 1867 verantwortlich war. Man mußte nun die Synagoge mit gewaltigen Eisenträgern versehen. 8000 m Gerüst wurden etwa 28 m über den Erdboden installiert, die Deckenfresken mussten mühsam erneuert werden, wofür man eigens Computerprogramme entwickelte. Die Verzierungen an der Kuppel waren wider Erwarten aus Bronze und nicht aus Gold.

So mussten sieben Quadratmeter Blattgold neu aufgetragen werden. Auch die zehn Gebote, die in hebräisch die Kuppel der Synagoge zieren, waren nicht wie angenommen aus Gold. Eine Frau aus der Gemeinde, des Hebräischen kundig, entwarf die Schrift neu. Dann schnitt man die Lettern aus Pappe aus, um sie in mühevoller Kleinarbeit mit 23-karätigem Blattgold zu überziehen und an der Kuppel anzubringen.

Dies alles kostete viel Geld, man war auf finanzielle Unterstützung aus dem Ausland angewiesen. Nach vielen Schenkungen nähert man sich dem Ende der Restaurierungsarbeiten.

Uhrenturm der Großen Synagoge

Heldentempel und Jüdisches Museum

Direkt neben der Synagoge gibt es zwei weitere bedeutende jüdische Gebäude. Der **Heldentempel** für die im Ersten Weltkrieg gefallenen Juden wurde ebenfalls von den Architekten Vágó und Faragó gestaltet. In einem von Arkadenmauern umgebenen Garten nebenan sind Hunderte von Opfern beerdigt, die 1944/45 im Getto ums Leben kamen. 1990 wurde hier ein Mahnmal von Imre Varga errichtet.

Jüdischer Friedhof im Elisabethviertel

Mit der Situation der Budapester Juden während der Zeit des Horthy-Regimes beschäftigt sich auch das angrenzende **Jüdische Museum.** Es wurde 1916 gegründet, und seit 1932 befindet es sich in diesem Nebenbau der Synagoge. 1944 wurde es von den deutschen Besatzungstruppen in ein Wohnheim für Zwangsarbeiterkolonien umgewandelt. Das hatte jedoch auch Vorteile, da das Haus direkt an der Grenze zum Getto

1871 errichtete Otto Wagner die Orthodoxe Synagoge

6
Seite 66

stand. So konnten die Zwangsarbeiter Briefe und Nahrungsmittel ins Getto schmuggeln. Einigen Menschen gelang durch das Museum sogar die Flucht, da man einen Durchgang zur Synagoge gebrochen hatte. Am 4. Juli 1947 wurde das Museum wieder eingeweiht. Zu sehen ist eine Sammlung zur Geschichte des Judentums mit Kunstwerken, Dokumenten, Handschriften und Kultgeräten: Thoravorhängen, Goldschmiedearbeiten und verzierten Decken.

Im Elisabethviertel

Der Weg geht die Wesselényi utca hinein, dort, wo einst das Jüdische Getto begann. Heute gibt es hier unzählige kleine Geschäfte, Restaurants und Handwerksbetriebe. Das Elisabethviertel war jahrzehntelang vom Verfall bedroht. Niemand hatte Geld, die prächtigen Häuser in Schuss zu halten. Erst in den letzten Jahren beginnen Restaurierungsarbeiten, finanziert von meist ausländischen Investoren. Das hat den Nachteil, dass viele Bewohner befürchten, die erhöhten Mieten nicht mehr aufbringen zu können. Doch in diesem Teil der Elisabethstadt ist die Atmosphäre noch richtig, die Armut gering.

6

Seite 66

Weiter nordöstlich, jenseits des Großen Rings, beginnt eines der ärmsten Viertel von Budapest.

Hier leben auf zwei Quadratkilometern fast 83 000 Menschen, so viele wie in kaum einem anderen Stadtviertel Europas. Die Lebenserwartung ist die niedrigste der Stadt. Die Angst der Bewohner der vorderen Elisabethstadt ist, dass es da genauso wird. Oder, dass die Wohnungen luxussaniert werden.

In der Kazinczy utca 31 sollte man in das koschere Restaurant **Carmel** einkehren. Hier wird gehoben gekocht, man hat sich eingestellt auf die neue Zeit.

Urwüchsiger geht es im Hinterhof in der Nr. 41 zu. Dort ist seit Jahrzehnten ein koscherer Metzger, der eine der besten Salamis der Stadt macht. Sie ist weich und wenig fett, aus schierem Fleisch. Doch auch hier ist der neue Antisemitismus spürbar. Nichtjüdische Nachbarn erzählen den Passanten, der Metzger verarbeite verdorbenes Fleisch. Das ist an den Haaren herbeigezogen, purer Neid auf das florierende Geschäft.

Nicht weit ist es zum schönsten Platz des Viertels, dem **Klauzál tér.** Hier sitzen Männer, spielen Schach und Karten, trinken *fröccs,* Weißweinschorle, aus einem der umliegenden *borozó.* Viel ist an diesem kleinen Platz zu sehen, der Schnapsbrenner im Keller von Nr. 16 etwa, der mit einer Lizenz der jüdischen Gemeinde vorzügliche koschere Obstbrände herstellt. Oder das Lebensmittellädchen daneben in Nr. 14, wo eine alte Frau alles Mögliche verkauft, darunter auch belegte Brote, Kaffee und Bier.

Unbedingt einen Besuch wert ist die Jugendstil-**Markthalle** in Nr. 11, eine von vielen, die um die Jahrhundertwende eröffnet wurden. Auch wenn heute ein Supermarkt einen Teil des Innenraumes belegt, bieten noch immer unzählige Einzelhändler ihre Waren an.

Nebenan in Nr. 9 lädt eines der gemütlichsten Restaurants zur Einkehr. Im **Kádár** werden nur mittags bis 15.30 Uhr an einfachen Tischen Köstlichkeiten wie Schweinsfußpörkölt angeboten. Spezialität ist das gekochte Rindfleisch mit wahlweise den Soßen Apfel, Tomate, Meerrettich, Sauerkirsch, Stachelbeere, Mangold oder Kartoffel (Montag ist Ruhetag).
Wer's eleganter mag, sollte gegenüber ins **Shalom** in der Nr. 2 gehen. Auch hier wird koscher gekocht, Spezialität gegrillte Fische und geräuchertes Gänsefleisch.

Wer nun besonders schöne Innenhöfe sehen will, sollte sich jene in der Klauzál utca 33 und 35 ansehen, bevor der Weg zurückgeht in die Dob utca und von dort in Richtung Innenstadt, vorbei

Juden in Budapest

Seit über 1000 Jahren leben in Ungarn und Budapest Juden als eine von vielen ethnischen oder religiösen Gruppen. Jahrhundertelang widerfuhr ihnen hier das gleiche Schicksal wie in vielen anderen Ländern. Sie wurden geduldet, solange man ihre geistigen, wirtschaftlichen oder künstlerischen Fähigkeiten nutzen konnte – und sie wurden verfolgt, wenn man meinte, einen Anlass dafür zu haben.

So zog bereits 1884 die Antisemitische Partei mit 17 Abgeordneten ins ungarische Parlament ein. Die stetig wachsende Arbeitslosigkeit und wirtschaftliche Not machten die Bevölkerung unzufrieden – und förderten Antisemitismus und Fremdenhass. Und dies, obwohl damals fast jeder fünfte Budapester Jude war.

Unter dem Regime des Miklós Horthy von 1920 bis 1944 wurden schon lange vor dem Einmarsch der Deutschen viele antisemitische Gesetze erlassen. So war zum Beispiel die Zahl der jüdischen Studenten an den Universitäten begrenzt. Nach dem „Anschluss", der Einverleibung Österreichs durch Nazi-Deutschland im März 1938, wuchs Hitlers Einfluss in Ungarn. Auf dessen Drängen verhängte Ministerpräsident Kálmán Darányi Verordnungen gegen die jüdische Bevölkerung. So wurden das Wahlrecht und das Recht auf Eheschließung eingeschränkt, Menschen jüdischer Abstammung durften nicht mehr in gewählten Organen sitzen und wurden aus der Armee ausgeschlossen.

Mit dem Einmarsch der Deutschen am 19. März 1944 verschärfte sich die Judenverfolgung. Neun Zehntel der jüdischen Landbevölkerung – etwa 430 000 Menschen – wurden, von ungarischen Pfeilkreuzlern (nationalsozialistische Bewegung Ungarns) und Gendarmen drangsaliert, in deutsche Vernichtungslager gebracht. 200 000 Budapester Juden harrten im Getto in der Elisabethstadt ihrer Deportation, die sich jedoch wegen des deutschen Rückzugs teilweise verzögerte. Zudem wurden Tausende durch die Hilfe ausländischer Botschafter wie des Schweden Raoul Wallenberg gerettet. So überlebten die meisten diese schreckliche Zeit; den Einmarsch der Roten Armee im Januar 1945 erlebten sie als Befreiung.

Der weitere Verlauf der Geschichte der ungarischen Juden ist Gegenstand heftiger Diskussionen geworden. Wahr ist, dass sich viele Juden aus verständlicher Angst vor einem neuen faschistischen System in der Kommunistischen Partei engagierten und dass nach 1945 zahlreiche emigrierte und verfolgte Juden als Unbelastete an den Hochschulen, in den Medien etc. in Führungspositionen gelangten. Auch der berüchtigte Staatsschutz ÁVH soll viele jüdische Mitglieder gehabt haben.

Viele Juden gaben in der Zeit der Volksrepublik ihre jüdische Identität auf. Das kommunistische Ungarn war ein atheistischer Staat. Die Große Synagoge verfiel, viele Traditionen wurden kaum noch gepflegt. Nach der Wende von 1989 sind es besonders die jungen der schätzungsweise 100 000 Budapester Juden, die sich zu ihren jüdischen Wurzeln bekennen und in den Familien alte Bräuche wieder einführen.

Diese Wende hat in Verbindung mit der neuen wirtschaftlichen Not vieler Ungarn antisemitische Tendenzen wieder aufkeimen lassen. So traten zeitweise Skinheads in Budapest noch unverfrorener auf als in Deutschland. Eine besorgniserregende Entwicklung, die von der 1998 abgewählten Regierung Horn erkannt wurde. Man kann für Ungarn wie für andere Länder nur hoffen, dass auf Dauer aus der Geschichte die richtigen Lehren gezogen werden.

Seite 66

an vielen Häusern mit weiteren herrlichen Innenhöfen mit den rundumlaufenden, balkonartigen Fluren und schmiedeeisernen Geländern.

Ein Halt lohnt in dem Lädchen in Nr. 15. Hier werden nach uralten Rezepten Lebkuchen hergestellt: mit Marmelade, eingebackenen Früchten, mit Schokolade überzogen oder ohne alles.

Wenige Häuser weiter führt der Weg in die Toreinfahrt des Hauses Nr. 25. Durch nicht weniger als sechs nebeneinander liegende Innenhöfe kann man hier hinüber in die Király utca gehen. Diese sieben zu einem großen Komplex verbundenen Häuser wurden einst aus der Stiftung des Schriftstellers Elek Gozsdu finanziert.

Von der Parisiana-Bar zum Café New York

Unser Weg führt wieder durch die Király utca stadtauswärts, links in die Székely Mihály utca, dann rechts in die Paulay Ede utca bis zur Ecke Dalszínház utca.

6

Seite 66

Arany János Színház ㉒

Hier steht ein wunderschönes Relikt aus großer Zeit, erbaut als „Bar Parisiana“ im Jahre 1909 im Art-déco-Stil mit großem Ballsaal und Balustrade mit Wintergarten. In den goldenen Zwanzigern waren hier mehrere Tanzpaläste und Revuetheater, später ein Theater. 1989 und 1990 wurde das Haus originalgetreu restauriert, besonders das herrliche Dach mit den Kupferfiguren und Ornamenten hat man nach alten Plänen wieder hergestellt.

Nun geht es wieder zurück in die Király utca, vorbei an herrlichen Innenhöfen (z. B. Király utca 25), weiter stadtauswärts.

Fészek Művészklub ㉓

Man kann einen Blick in das Haus Dob utca Ecke Kertész utca (Nr. 36) werfen, In diesem Haus residiert seit 1901 ein alteingesessener Künstlerklub. Fészek bedeutet „Nest“, setzt sich aber zusammen aus den ungarischen Anfangsbuchstaben verschiedener Künste (Malerei, Architektur, Bildhauerei, Gesang und Theater). Erbaut wurde dieses Eckhaus um 1890 im Stil des Neobarock, es war eines der prunkvollsten Gebäude des Viertels. Rauschende Feste wurden hier gegeben und viele der international bedeutendsten Künstler bewirtet; sie saßen im Sommer im malerischen Innenhof im toskanischen Stil, im Winter im pompösen Ballsaal.

1949 jedoch wurde das Haus verstaatlicht und 1965 „umgebaut“. Man entfernte den Stuck, strich das schwarz gebeizte Treppenhaus weiß, überklebte das Jugendstilmosaik der Böden mit Linoleum, entfernte die Jugendstilfenster. Als Clou verschenkte man die antiken Möbel, die einst von Adeligen zur Einrichtung des Künstlerhauses gestiftet worden waren, an verdiente „Helden der Arbeit“. Seit 1990 muss der Künstlerklub Miete an die Stadt zahlen,

New York in Budapest

Das New York (s. S. 73) war bis Ende der zwanziger Jahre „der“ kulturelle Treffpunkt der Stadt. Nach dem Zweiten Weltkrieg jedoch wurde es geschlossen und an ein Sportgeschäft vermietet. Für Müßiggang und lasterhaftes Treiben hatte das kommunistische Regime keine Ader. Erst Mitte der fünfziger Jahre eröffnete man es aus Mangel an Devisen wieder und gab ihm den Namen „Hungária“. Natürlich wurde nichts wieder so, wie es war. Heute ist das Kaffeehaus mit seinen vielen Spiegeln, Fresken, Säulen und Leuchten ein reiner Touristentreffpunkt. Die Speisen sind mittelmäßig und teuer, der Kaffee dünn. Dennoch lohnt ein Besuch – allein um sich vorzustellen, wie das damals alles gewesen sein mag.

für eine Restaurierung fehlt aber das Geld. Doch immer noch sind Fragmente des einstigen Prunks zu sehen.

Das Restaurant blieb unverändert, es gilt als eines der besten in Budapest. Im Sommer serviert man draußen im romantischen Garten, der ebenfalls von den „Umbaumaßnahmen" verschont blieb. Die Leiterin der Bibliothek im ersten Stock zeigt auch gerne stapelweise Fotos aus der großen Zeit des Künstlerklubs. Sie spricht gut Deutsch.

Café New York / Hungária ㉔

Nun neigt sich der Spaziergang dem Ende zu, mit einer Reminiszenz an die goldene Vergangenheit. Es ist nämlich nicht mehr weit zum Großen Ring, zum Erzsébet körút 9–11, zum traditionsreichsten Budapester Kaffeehaus, dem Café New York / Hungária. Es ist im Erdgeschoss des New-York-Palasts untergebracht, den der Architekt Alajos Hauszmann im Auftrag einer Versicherungsgesellschaft 1891–1895 erbaute.

Kurze Zeit später machte ein Journalist im Glücksspiel einen großen Gewinn und ließ dieses Kaffeehaus einrichten. Bei der Eröffnung im Jahre 1894 nahm der Schriftsteller Franz Molnár in weiser Voraussicht den Schlüssel des Cafés und warf ihn in die Donau. Niemals sollte das New York, wie es damals noch hieß, geschlossen werden, immer eine Begegnungsstätte für Künstler, Schreiberlinge, Denker und Müßiggänger bleiben. Und genauso kam es auch.

In dem riesigen, kitschig im Fin-de-Siècle-Stil eingerichteten Raum traf sich tagsüber die Intelligenz, nachts gesellte sich die Halbwelt dazu. So manchem wurde gar die Post ins New York zugestellt, viele ließen beim Ober anschreiben bis sie ihr nächstes Manuskript verkauft hatten.

Oben im Café saß man und plauderte, dabei beobachtete man jene, die unten in dem bassinartigen Restaurant ihr Menü zu sich nahmen. Deswegen wurde es auch „Tiefes Wasser" genannt.

Fin de Siècle im Café New York/Hungária

Zur Millenniumsfeier 1896 wurde der Große Ring fertig gestellt

6

Seite 66

Weg 7

*Heldenplatz – Stadtwäldchen – *Széchenyi-Bad – Zoo – *Vidám Park

Dieser Spaziergang führt über den Heldenplatz, durch das angrenzende Museum der Bildenden Künste und die Kunsthalle hinüber ins Stadtwäldchen, eine der grünen Lungen der Stadt und ein beliebtes Wochenendausflugsziel der Budapester. Viele verbinden mit dieser Grünanlage Kindheitserinnerungen, denn seit über 100 Jahren bummeln die Budapester Familien sonntags hinaus ins Wäldchen. Sie besuchen den Zoo mit seinen Jugendstilbauten, den Hauptstädtischen Zirkus oder den Vidám Park, jenen romantisch-altertümlich anmutenden Vergnügungspark, in dem Modernes wie Videospiele oder grelle Leuchtreklame fehlen. Statt dessen schaukeln in alten Karussells Holzpferdchen, die Achterbahn rattert über hölzerne Brücken. Beliebt ist der Stadtwald auch wegen des Széchenyi-Bades, wo die alten Männer selbst im tiefsten Winter im warmen Wasser stehen und Schach spielen. Besucht werden die Burg Vajdahunyad mit dem Landwirtschaftsmuseum und das Verkehrsmuseum. Für den Spaziergang kann man einen Tag rechnen, der Sonntag bietet sich dafür an. Kunstfreunde sollten für den Besuch der beiden Museen am Heldenplatz einen weiteren halben Tag veranschlagen.

7
Seite 67

Auf dem *Heldenplatz

Der **Heldenplatz** ㉕ wurde anlässlich der Millenniumsfeier im Jahre 1896 gestaltet, er bot damals über 50 000 Ehrengästen aus aller Welt Platz. Zu sehen gibt es zugegeben wenig, dennoch drängen sich täglich Tausende von Touristen auf der kahlen Fläche. Einzig das Denkmal am oberen Ende bietet Motive für viele Fotos.

Mit seiner Erstellung wurde erst bei den Feierlichkeiten begonnen; bis es endlich fertig war, dauerte es 42 Jahre. Gestaltet wurde es vom Architekten Albert Schickedanz, dem Bildhauer György Zala u. a.

Über allem steht der Erzengel Gabriel auf einer 36 m hohen Steinsäule, auf dem Sockel thronen Reiterstandbilder des Großfürsten Árpád und weiterer Stammesfürsten, die an der Landnahme beteiligt waren. Auf den halbrunden Säulengängen zu beiden Seiten der Säule sind je sieben Bronzebilder bedeutender Persönlichkeiten der ungarischen Geschichte zu sehen.

Rechts standen einmal die Habsburger, doch ausgerechnet sie wurden 1944 im Bombenhagel der Amerikaner zerstört. Also ersetzte man sie durch „rein ungarische“ Helden wie den Revolutionsführer von 1848 Lajos Kossuth ganz außen oder ganz innen János Hunyadi, den Helden der Türkenkriege.

Museum für Bildende Künste

Das große Gebäude links vom Denkmal ist das Museum für Bildende Künste. Erbaut wurde es im Stil des Neoklassizismus vom Millenniumsdenkmal-Architekten Albert Schickedanz und Fülöp Herzog. Die Eröffnung war im Jahre 1906. Die Gemäldegalerie befindet sich im Hauptgebäude, die übrigen Abteilungen sind in drei Nebenbauten untergebracht. Die Galerie Alter Meister findet weltweite Beachtung, und das nicht erst seit dem großen Kunstraub im Jahre 1983, bei dem sieben wertvolle Gemälde gestohlen worden waren. Sie wurden zwei Monate später in Griechenland unversehrt wieder gefunden. In der Galerie werden über 2600 Werke aufbewahrt, etwa 800 davon sind wechselweise ausgestellt. Gegründet wurde die Sammlung im Jahre 1871, als der Staat die „Wiener Esterházy-Sammlung“ aufkaufte. Ein Prunkstück ist die spanische Sammlung, die als die umfangreichste außerhalb der Iberischen Halbinsel gilt. Allein sieben Werke von El Greco sind zu sehen, vier Bilder Goyas sowie einige von Murillo und Velázquez. Ebenso bedeutend sind die Sammlungen italienischer, niederländischer und flämischer sowie deutscher und österreichischer Meister.

Von den übrigen Ausstellungen im Museum ist besonders die Sammlung ausländischer Skulpturen und Plastiken vom 18. Jh. bis zur Gegenwart erwähnenswert, ebenso die Sammlung von Gemälden des 20. Jhs. mit Werken von Picasso, Chagall und Kokoschka.

Die Galerie Alter Meister im Museum für Bildende Künste

Kunsthalle

An der gegenüberliegenden Seite des Platzes liegt die renovierte Kunsthalle mit ihren korinthischen Säulen und bunten Keramiken. Auch sie wurde nach den Millenniumsfeierlichkeiten erstellt, Architekt des klassizistischen Bauwerks war Albert Schickedanz. In Wechselausstellungen werden Werke zeitgenössischer ungarischer und ausländischer Maler gezeigt.

Über dem Heldenplatz thront der Erzengel Gabriel

Im Stadtwäldchen

Nun führt der Weg hinüber zum Stadtwäldchen. Der Teich, der dabei überquert wird, ist im Winter die beliebteste Eislauffläche der Stadt und abends sogar beleuchtet. Das Gebäude des Eislaufvereins rechts von der Brücke wurde übrigens vom Jugendstilbaumeister Ödön Lechner erstellt.

Im Sommer kann man in dem Café im hinteren Teil am Wasser sitzen.

Das Stadtwäldchen diente einst König Matthias als Jagdrevier. Es war damals mitten in den Donauauen gelegen und ein spärlich bewachsenes, schwer zugängliches Sumpfgebiet. Leopold I. vermachte es der Stadt als Weideland. Bereits im Jahre 1799 legte man das Gebiet trocken und pflanzte Bäume. Das installierte Kanalsystem funktio-

Beliebtes Ausflugsziel der Budapester ist das Stadtwäldchen

7
Seite 67

nierte so gut, dass beim großen Hochwasser 1838 viele Menschen im Stadtwäldchen Zuflucht vor den Fluten fanden. Der Park wurde schnell zum beliebten Ausflugsziel der Budapester.

Flohmarkt

Für den Samstag- oder Sonntagvormittag sollte man einen Abstecher hinüber zur *Petőfi-Halle* einplanen. Sie ist die größte Budapester Konzerthalle; am Wochenende aber wird dort ein großer Flohmarkt abgehalten, der als der am wenigsten professionelle der Stadt gilt. Unter Rauchern ist er wegen der billigen Zigarettenangebote beliebt.

Burg Vajdahunyad ㉖

Geht man kurz hinter der Brücke nach rechts, gelangt man auf eine Insel mitten im künstlichen See mit einem der seltsamsten Gebäude der Stadt, der Burg Vajdahunyad. Sie macht zwar einen historischen Eindruck, ist jedoch ein reines Kunstprodukt.

Erbaut wurde die Burg anlässlich der Millenniumsfeiern von dem Architekten Ignác Alpár als hölzerne Kulisse für ein Bühnenstück. Seine Aufgabe war es, die Geschichte der ungarischen Architektur in einem einzigen Bauwerk darzustellen. Alpár löste sie so bravourös, dass die Stadtväter beschlossen, sein Werk in Stein nachzubauen.

7

Seite 67

Das Ensemble besteht aus Teilen von 21 berühmten ungarischen Bauwerken, darunter der originalen Burg Vajdahunyad in Siebenbürgen, der Burg Segesvár, der Katharinen-Bastei von Brasso, der Kirche von Ják sowie einer Reihe weiterer Kirchen, Basteien und Paläste. Eröffnet wurde dieses Kuriosum im Jahre 1904. Die Skulptur im Hof der Burg stellt Anonymus dar, den unbekannten Verfasser der *Gesta Hungarorum*, der ersten ungarischen Chronik aus dem Jahre 1204. Die Plastik des Bildhauers Miklós Ligeti zeigt ihn ohne Gesichtszüge hinter der Mönchskapuze. Finanziert wurde das Denkmal durch eine Spende von Kaiser Friedrich II. im Jahre 1897.

Landwirtschaftsmuseum ㉗

Im Barockflügel der Burg ist ein sehr lehrreiches und amüsantes Museum untergebracht, dessen Besuch auch für Kinder interessant ist. Das Landwirtschaftsmuseum wurde bereits 1896 eröffnet und galt als das weltweit erste seiner Art. Im Zweiten Weltkrieg wurde es stark zerstört und erst 1985 wieder vollständig rekonstruiert.

Zu sehen sind auf einer riesigen Fläche Ausstellungen aus allen Bereichen der Landwirtschaft, der Viehzucht, der Fischerei, der Jagd und des Weinbaus.

Anhand von unzähligen ausgestopften Tieren wird die Domestizierung der verschiedensten Rassen aufgezeigt. In einer der vielen Unterabteilungen ist z. B. die Geschichte der Fleischverarbeitung von der Hausschlachtung bis zur Wurstfabrik nachgestellt, selbst das tierquälerische Gänsestopfen wird in allen Details kritiklos demonstriert. Auch Freunde der Technik kommen auf ihre Kosten. Es werden über ein Dutzend alte Traktoren, Mähdrescher und Dampfpflüge gezeigt.

Verkehrsmuseum

Technikfans sollten auch einen Besuch im Verkehrsmuseum in der Nähe der Halle einschieben (Városligeti körút 1). Auf einer Fläche von 5000 m² sind – ähnlich wie im Deutschen Museum in München – rund 15 000 Autos, Flugzeuge, Fahrräder, Mopeds, Traktoren, Lokomotiven, Schiffe und sonstige Errungenschaften von Transport und Technik ausgestellt, unter anderem ein Speisewagen des „Orientexpress".

* Széchenyi-Bad ㉘

Auf der anderen Seite der Hauptstraße durch das Wäldchen liegt eines der schönsten Budapester Bäder. Auf über 12 000 m² Fläche tummeln sich hier Tag für Tag Tausende von Budapestern, pro

Jahr über zwei Millionen. Das Széchenyi-Bad, benannt nach dem Grafen, der Mitte des vergangenen Jahrhunderts viel für die Stadt getan hatte, ist ein klassisches Volksbad. Es ist zwar längst nicht so pompös verziert wie viele andere, strahlt aber dennoch einen morbiden, heimeligen Charme aus. Hierher geht man, um auszuspannen, um für einige Stunden dem Trubel und den Sorgen des Alltags zu entfliehen. Für das körperliche Wohlbefinden wird gesorgt, im Angebot sind Dampfbäder, Saunen, Massagen, Schlammpackungen und vieles mehr.

12 000 m² Fläche stehen den jährlich 2 Mio. Besuchern des Széchenyi-Bads zur Verfügung

Das Bad entstand durch einen Zufall. Man hatte nach Wasser gebohrt und stieß Mitte des 19. Jhs. in 970 m Tiefe auf heißes Wasser, das man bis dahin nur auf der anderen Donauseite vermutet hatte. Also baute man eine große Badeanlage mit zwanzig Becken. Im Jahre 1909 wurde das Bad vergrößert. Die Architekten Győző Czigler und Ede Dvorzsák bauten ein Jugendstilhallenbad und zwei Seitenflügel für die medizinischen Abteilungen. Aus dem Jahre 1929 stammen die neo-barocke Eingangshalle und die drei schön gekachelten Freibecken. Das mittlere hat ständig eine Temperatur von 38 °C, die beiden halbrunden an den Seiten 27 °C.

Bei einer Wassertemperatur von 38 °C lässt es sich gut spielen

Vom Zirkus zum Vidám Park

Gleich hinter dem Bad ist der Haupteingang des **Hauptstädtischen Zirkus.** Dieser Staatszirkus wurde 1891 gegründet, als der in den Niederlanden geborene Deutsche Ede Wulff einen festen Zirkusbau mit 2300 Plätzen errichtete. Jahrzehntelang war der Zirkus weltberühmt, nach dem Zweiten Weltkrieg wurde er verstaatlicht. 1966 jedoch hatte man kein Geld mehr für den Unterhalt des schönen alten Gebäudes, riss

Ein reines Kunstprodukt: die Burg Vajdahunyad

7

Seite 67

es ab und erstellte den hässlichen Zweckbau von heute. Die Qualität der Darbietungen litt nicht, manchmal gastiert hier der berühmte Moskauer Staatszirkus.

Glücksgefühle

Ein Muss im Winter ist der Besuch des dampfenden Freibads im Széchenyi-Bad. Man liegt im wohlig warmen Wasser, mitten in der Großstadt und doch weitab jeder Kälte und Hektik. Das verschafft wahre Glücksgefühle.

Der Zoo ㉙

Gleich neben dem Zirkus wartet eine weitere Attraktion. Dieser herrlich angelegte Tiergarten wurde 1866 von dem Reisenden und Ethnographen János Xantus gegründet. Mit elf Gebäuden und viel Platz für fünfhundert Tiere war der Zoo damals der modernste in Europa. 1905 ging er in den Besitz einer Aktiengesellschaft über; aus dieser Zeit stammen die zahlreichen kleinen Jugendstilbauten wie das moscheeartige Elefantenhaus mit seinen vielen Verzierungen.

Die Tiere haben das seltene Glück, sich am Heilwasser des Széchenyi-Bades laben zu können. Viele sagen, daher rührten auch die erstaunlichen Zuchterfolge des Zoos. Insgesamt sind rund 5000 Tiere von 500 verschiedenen Arten zu bewundern, u. a. 152 Vogelarten.

Der Zoo hat finanzielle Probleme, die Eintrittspreise möchte man aber nicht wesentlich erhöhen, um auch Einheimischen den Besuch zu ermöglichen. Seit Jahren kursiert das Gerücht, Investoren wollten das 11,6 ha große Gelände kaufen, um Büros zu bauen.

* Vidám Park ㉚

Nur wenige Schritte sind es zu dem Vergnügungspark, einem der schönsten Attraktionen der Stadt. Er hat sich seit den dreißiger Jahren kaum verändert und erfreut sich wieder steigender Beliebtheit. Auf 60 000 m^2 stehen ein gemauertes, achteckiges Karussell aus dem Jahre 1906 mit herrlicher Deckenbemalung, eine hölzerne Achterbahn von 1936 und ein 31 m hohes, altertümliches Riesenrad.

Die Direktorin sagt: „Wir wollen hier kein Disneyland“, und man macht sich daran, die Bauten stilgerecht zu restaurieren. Jeden Winter werden über 70 m^3 Holz an der Achterbahn erneuert. Und obwohl die Bahn und das Riesenrad während der Fahrt ächzen und krächzen, kann man die Wagen und Gondeln gefahrlos besteigen. Die Anlagen werden regelmäßig kontrolliert und sind technisch in einwandfreiem Zustand.

Tipp Zu empfehlen sind die Kombi-Tickets für Zoo, Zirkus und den Park.

Zum Abschluss des Spaziergangs sollte man einen Blick in eines der interessantesten Restaurants der Stadt werfen, das **Gundel** gleich neben dem Zoo. Es herrscht Krawattenzwang; im hübschen Sommergarten kann man auch in Freizeitkleidung und zu moderaten Preisen essen.

Das Lokal in dem Gebäude von 1894 wurde von 1910 bis 1949 von dem Gastro-Guru Karl Gundel geführt, dessen Vater Johannes 1857 aus dem mittelfränkischen Ansbach nach Buda gezogen war, um sein Glück zu suchen. Er wurde einer der besten Köche der Stadt. Das Gundel war vor dem Zweiten Weltkrieg eines der ersten Häuser Europas, bis es 1949 verstaatlicht und zu Tode „renoviert“ wurde. Es diente der staatlichen Restaurantkette als Devisen bringendes Prestigeobjekt für westliche Geschäftsleute. 1991 kaufte der gebürtige Ungar George Lang aus New York das Anwesen und renovierte es für „viele Millionen Dollar“. Er verhalf dem Gundel zu ähnlichem Ruf wie früher und machte es zu einem der führenden Restaurants der Stadt.

7
Seite 67

Weg 8

Margareteninsel

Dieser Spaziergang führt rund um die Margareteninsel, jenes beliebte Naherholungsgebiet mitten in der Stadt und mitten in der Donau. Er ist zum erholsamen Bummeln nach einer anstrengenden Zeit im Budapester Gewusel gedacht, genauso wie es die Budapester am Sonntag auch machen. Besucht werden der Rosengarten, die Freilichtbühne, die Prämonstratenserkapelle aus dem 12. Jh. und der Japanische Garten. Wer mag, kann zwischendurch in einem der zahlreichen Cafés einkehren oder im Palatinus-Strandbad einen Sprung in die Fluten wagen. Gut und gerne lässt sich hier ein ganzer Sonntag verbummeln.

Geschichte

Die Margareteninsel ist insgesamt etwa 2500 m lang und bis zu 500 m breit. Sie besteht aus Geröll, das im Laufe der Jahrmillionen von der Donau hier in einer Schleife abgelagert wurde. Schon die Römer nutzten das Eiland und bauten eine Holzbrücke hinüber. Die Insel war bewohnt, man fand Münzen und Grabsteine aus jener Zeit. Im 13. Jh. errichteten die Franziskaner eine kleine Kirche, ebenso wie die Dominikanerinnen hundert Jahre später. Im angeschlossenen Kloster lebte Margarete, die Tochter von Béla IV., nach der die Insel benannt wurde.

8

Seite 81

Bis zum Einfall der Türken im 16. Jh. war die Grabkapelle der später heilig gesprochenen Margarete Wallfahrtsort. Die große Zeit der Insel begann erst zur Zeit der Romantik im 18. und 19. Jh.

Die Margareteninsel wurde zum Mekka der Dichter und Denker, man baute eigens ein kleines Hotel, in dem viele Literaten und Künstler der damaligen Zeit wohnten und träumten. Richard Wagner soll sich hier Inspirationen für seinen „Parsifal“ geholt haben.

Ende des 19. Jhs. wurde die gesamte Insel von einer privaten Aktiengesellschaft aufgekauft. Man nannte sie „Heilbad“ und verlangte für den Zugang hohe Eintrittspreise. So hatte der normale Bürger keine Chance, sich auf der Margareteninsel zu erholen. Erst nach dem Ersten Weltkrieg wurde sie wieder allgemein zugänglich.

Verkehrshinweise

Am besten, man geht von der Mitte der Margaretenbrücke hinab auf die Insel, die Straßenbahnlinien 4 und 6 halten dort. Man kann da auch umsteigen in den Bus Nr. 26, der im Gegensatz zu Privatautos die Insel befahren darf. Autofahrer können auch von der Árpád-Brücke hinunter fahren, müssen den Wagen aber auf einem der Parkplätze am Nordende stehen lassen.

Südlicher Teil

Der Spaziergang beginnt am südlichen Ende an dem großen **Springbrunnen ㉛** mit der Wasserfontäne und führt am östlichen Ufer entlang bis zum

Rosengarten ㉜. Er war um 1800 von einem Mönch angelegt worden, später aber wurde er das Opfer einer großen Überschwemmung. Heute sind dort mehr als 2500 verschiedene Rosensorten angepflanzt. Die Betreiber sagen sogar, man habe von jeder Rose dieser Erde ein Exemplar. Der Eintritt ist kostenlos.

Daneben ist ein *Wildpark* eingerichtet. Etwas östlich davon liegen die Reste des *Dominikanerinnenklosters* (1251).

Nur wenige Schritte entfernt werden im Sommer herrliche Opernaufführungen gegeben.

Nördlicher Teil

Die **Freilichtbühne** ㉝ direkt neben einem 57 m hohen alten *Wasserturm* bietet über 2500 Besuchern Platz und ist schon längst kein Geheimtip mehr. Besonders an heißen Sommertagen ist es ein Erlebnis, dort ein klassisches Konzert oder eine Oper zu hören.

Von dem **Prämonstratenserkloster** ㉞ aus dem 12. Jh. sind noch die Südwand original erhalten und ein Turm, in dem die älteste Glocke Ungarns aus dem 14. Jh. hängt. Auf dem Gelände wurde 1931 die *St.-Michaels-Kirche* erbaut. Daneben verläuft die so genannte *Künstlerpromenade* mit Darstellung all jener Schöngeister, die zu Zeiten der Romantik auf der Insel weilten.

Tipp Man kann sich ein Fahrrad oder einen pedalgetriebenen Spezialwagen mieten und die Tour so fortsetzen.

Nun führt der Weg zur nördlichen Spitze der Insel. Hinter den beiden Hotels befindet sich der **Japanische Garten** ㉟, eine kleine, verträumte Felsenanlage mit einem Seerosenteich, der von heißem Quellwasser gespeist wird.

Von hier hat man auch einen schönen Blick auf die *Árpád-Brücke,* benannt nach dem Großfürsten, der die Magyaren vor fast 1100 Jahren in ihre heutige Heimat geführt hat. Mit ihrem Bau wurde bereits 1941 begonnen, wegen des Zweiten Weltkriegs verzögerte sich die Fertigstellung aber erheblich. Die mit 932 m längste Brücke Budapests wurde erst 1950 in Dienst gestellt. Nun kann man auf dem Hauptweg wieder zurück zum Ausgangspunkt gelangen, vorbei am

Palatinus-Strandbad ㊱, dem größten Freibad der Stadt. Der Begriff „Strandbad" ist etwas irreführend, denn einen Sandstrand gibt es nicht. Dafür lockt ein recht turbulentes Wellenbad.

Wen es im Winter in die Fluten treibt, der sollte etwas weiter südlich das *Hajós-Alfréd-Schwimmbad* aufsuchen.

Weg 8
㉛ Springbrunnen
㉜ Rosengarten
㉝ Freilichtbühne
㉞ Prämonstratenserkloster
㉟ Japanischer Garten
㊱ Palatinus-Strandbad

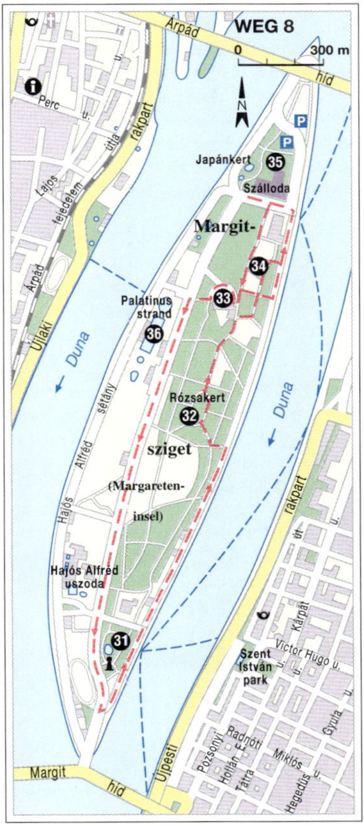

8
Seite 81

Weg 9

Friedhof Rákoskeresztúr (Parzelle 301) – Jüdischer Friedhof

Dieser Spaziergang verspricht Ruhe, Besinnlichkeit und Gedenken an einige traurige Epochen ungarischer Geschichte. Der Friedhof Rákoskeresztúr ist mit rund 1,5 Millionen Gräbern der größte in Budapest, gleich daneben liegen zwei jüdische Friedhöfe, die zu den größten Europas zählen.

Es wird keine feste Route vorgegeben, man sollte einfach auf dem riesigen Areal spazieren gehen und die Gedanken schweifen lassen. Im Sommer ist es dort draußen angenehm kühl, auch im Winter ist der Spaziergang sehr reizvoll. Dann liegt Schnee auf den Grabsteinen, es ist klirrend kalt, still und schön.

Zu den Friedhöfen gelangt man mit den Straßenbahnlinien 28 und 37 ab der Népszinház utca am Blaha Lujza tér. Man steigt in der Kozma utca im X. Bezirk aus, am Haupteingang. Der Friedhof ist übersichtlich in nummerierte Parzellen gegliedert.

Einen privaten Busdienst gibt es zwar, die Wagen verkehren jedoch ohne Fahrplan. Der Eingang zum Jüdischen Friedhof befindet sich auf der Kozma utca etwa 200 m links vom Haupteingang. Dort kann man sich im Gegensatz zum Rákoskeresztúr-Friedhof nur zu Fuß bewegen, Motorengeräusche würden die Atmosphäre stören.

Friedhof Rákoskeresztúr

Eröffnet wurde der Friedhof am 1. Mai 1886. Im Jahr 1914 musste er erweitert werden, ebenso mehrmals in den folgenden Jahren bis 1956, wo man mit der Parzelle 301 die letzte Vergrößerung vornahm. Die Trauerkapelle und das Kühlhaus nahe dem Eingangsbereich wurden von 1921 bis 1925 erbaut und im Jahre 1975 grundlegend renoviert.

Der erste Soldatenfriedhof wurde 1903 auf zwei Parzellen eingerichtet. Nach dem Zweiten Weltkrieg waren hier über 20 000 Soldaten beerdigt, im Jahre 1955 ließen die Behörden die Gräber einebnen, da das Geld zum Unterhalt fehlte. Die Friedhofsverwaltung sieht dies als einen groben Verstoß gegen die Genfer Konvention an.

Tipp Im Büro der Friedhofsverwaltung links vom Eingang ist für wenige Forint ein Friedhofsplan erhältlich (nur auf Ungarisch). Der Friedhof darf übrigens mit dem Auto befahren werden, ist man motorisiert und hat keine Lust auf den schönen Fußweg, kann man also durchaus die ca. 2,5 km vom Haupteingang zur Parzelle 301 fahren.

Die „Heldengräber"

Wenn man vom Haupteingang aus den Friedhof betritt, hat man einen kerzengeraden Weg vor sich, der das Gelände in Längsrichtung durchschneidet.

Am besten, man bummelt ihn entlang und macht ab und zu einen Abstecher zur Seite. Die so genannten Heldengräber sieht man gleich zu Anfang linker Hand in den Parzellen 5–7, 16–18 und 28–31. Darunter sind martialisch anmutende Monumente zum Gedenken an Jagdflieger und sonstige Kämpfer im Zweiten Weltkrieg.

In der Parzelle 75 sind einige Parteigrößen der sozialistischen Ära bestattet. Die meisten gehen hier erhobenen Hauptes vorüber, doch Unbekannte legen hier immer wieder bunte Blumengebinde nieder.

Muslimischer Teil und Armengräber

Geht man etwa 400 m nach links zur östlichen Mauer, gelangt man zuerst an das im Jahr 1968 erbaute Krematorium, dann dahinter in den muslimischen Teil des Friedhofes in den Parzellen 105 und 124. Folgt man dem Weg weiter nach hinten, kommt man vorbei an der Parzelle 186. Hier haben die Armen und Obdachlosen Budapests ihre letzte Ruhe gefunden.

Parzelle 301

Verfolgt man diesen Weg weiter bis zum Ende und wendet sich dann nach links, erreicht man nach etwa 400 m die berühmte Parzelle 301.

Man betritt das Areal durch ein geschnitztes Holztor, ein siebenbürgisches *Székler-Tor*. Die Siebenbürger Ungarn nennen sich Székler. Hier sind etwa 1000 Holzpfähle zu sehen, so genannte *kopjafa*, ebenfalls eine siebenbürgische Tradition. Jeder *kopjafa* steht für einen toten Menschen. Auf dem etwa 200 mal 100 m großen Gelände liegen demnach tausend Tote des 56er Aufstandes begraben, Gefallene und später Hingerichtete. Die genaue Zahl der Hingerichteten kennt man nicht, die Unterlagen sind fast alle vernichtet.

Nicht einmal die Angehörigen wurden von der Hinrichtung unterrichtet. Die hintere Begrenzungsmauer der Parzelle, die heute aus Beton ist, war früher eine löchrige Backsteinmauer. Dahinter versammelten sich jeden Morgen gegen 10 Uhr die Angehörigen der Inhaftierten, um zu sehen, ob ihre Männer hier begraben wurden.

Um jedes einzelne Grab auf dieser Parzelle rankt sich eine Geschichte, eine Tragödie. Etwa jene um Péter Mansfeld, im 5. Grab der 19. Reihe. Er war bei seiner Festnahme am Széna tér neben dem Moskauer Platz erst 15 1/2 Jahre alt und konnte noch nicht verurteilt werden.

Mit dem Prozess wartete man, bis der Junge 16 war. Dann saß er zwei Jahre im Gefängnis, in dem sternförmigen Bau am Újhegyi út vor dem Haupteingang. Noch heute ist dort das Gefängnis von Budapest. Mit 18 Jahren schließlich wurde Péter Mansfeld gehenkt, das war das gesetzlich vorgeschriebene Mindestalter.

Die Margareteninsel in der Donau – eines der beliebtesten Erholungsgebiete Budapests

Reste des Prämonstratenserklosters aus dem 12. Jh.

Im hinteren Teil liegt das reich geschmückte, symbolische Grab von Imre Nagy, dem Revolutionsführer und Ministerpräsidenten während des Aufstandes. Er wurde am 16. Juni 1958 hingerichtet und irgendwo auf dieser Parzelle verscharrt. 31 Jahre später, am 16. Juni 1989, setzte man ihn in einer Feierstunde offiziell bei – symbolisch. Seine Überreste wurden nie gefunden.

Die Parzelle 301 hat noch eine zweite Gedenkstätte: Im westlichen Teil steht ein Monument, das an die Toten in den Gaskammern der Nationalsozialisten erinnert, wenige Meter davor ist ein schwarzer sechseckiger Judenstern im Boden eingelassen.

Östlicher Teil

Auf dem Rückweg zum Friedhof kann man hinüber in den östlichen Teil der Anlage gehen: In der Parzelle 143 sind 6000 deutsche Soldaten begraben, von denen 2843 nicht identifiziert werden konnten. Sie dienten einer Armee, die gegen Ende des Zweiten Weltkrieges zusammen mit ungarischen Pfeilkreuzlern und Polizisten ungarische Juden in Konzentrationslager verschleppten. Etwas weiter, Richtung Haupteingang, findet regelmäßig eine besondere Zeremonie statt. In der Parzelle 53 ist es seit 1984 erlaubt, die Asche Verstorbener auszustreuen.

Geht man nun hinaus auf die Kozma utca, gelangt man rechter Hand nach ca. 800 m zum Eingangsportal des Jüdischen Friedhofs.

Jüdischer Friedhof

Wie viele Menschen auf diesem verwunschenen, riesigen Gelände beerdigt sind, weiß niemand. Man schätzt sie auf weit über eine Million. Der Friedhof ist ebenfalls in Parzellen unterteilt, die Nummern sind aber oft nicht mehr vorhanden oder schwer zu lesen.

Tipp Auf dem Jüdischen Friedhof sind besonders schöne Jugendstilmausoleen zu sehen. Männer sollten aus Achtung vor dem jüdischen Glauben eine Kopfbedeckung tragen. Kopfbedeckungen werden am Eingang ausgegeben.

Entlang der Friedhofsmauer stehen Hunderte prächtiger Mausoleen, viele im Jugendstil. Das bekannteste ist das *Schmidl-Mausoleum* rechts von der Eingangshalle. Es wurde von Béla Lajta gestaltet, einem Schüler von Ödön Lechner. Es ist ganz in Hellblau gehalten und mit wunderschönen Ornamenten verziert.

Reizvolle Patina

Dem jüdischen Glauben entsprechend werden die Gräber und Mausoleen nicht gepflegt. Viele sind verfallen, auch das Schmidl-Mausoleum. Doch gerade dies erzeugt die besondere Atmosphäre, die den Reiz dieses Friedhofs ausmacht.

Der Jüdische Friedhof ist aber nicht nur ein Ort faszinierender Architektur. An vielen Stellen wird – besonders in dem Teil links vom Haupteingang – an die Greueltaten der Nazis erinnert.

„Der Hass hat sie getötet, die Liebe soll uns an sie erinnern" steht auf einer Marmortafel, mit der man der 196 Menschen gedenkt, die am 11. Oktober 1944 in einem Arbeitslager in Ostungarn ermordet wurden. Insgesamt wurden über 430 000 ungarische Juden gegen Ende des Zweiten Weltkriegs verschleppt oder umgebracht, viele von ihnen fanden hier ihre letzte Ruhe.

An einem großen Mahnmal sind Marmortafeln angebracht. Auf jeder ist der Name eines Konzentrationslagers eingraviert, darunter unzählige Namen von Opfern. Ihrer wird hier gedacht, hier in diesem stillen, riesigen Wald mit den vielen verfallenen Gräbern.

Der Eingang zum Jugendstilmausoleum der Familie Schmidl

SCHMIDL SÁNDOR
CSALÁDJA

Weg 10

Seite 87

Óbuda – Schloss Zichy – * Aquincum – Villa Hercules

Dieser Weg ist nicht nur ein Spaziergang, denn er beginnt am römischen Amphitheater, von wo man eine Station mit der Vorortbahn HÉV bis nach Óbuda fahren kann. Zu Fuß sind es auch nur 15 Minuten, allerdings ist die Strecke nicht sehr schön. In Óbuda führt die Route in das Schloss Zichy am Fő tér mit seinen Museen, anschließend zu den Überresten der römischen Militärstadt am Flórián tér. Um dann von Óbuda zum Ruinengarten der römischen Zivilstadt Aquincum zu gelangen, kann man drei Stationen mit der Vorortbahn HÉV zurücklegen oder aber an der Donau entlangspazieren und auf dem Rückweg die HÉV benutzen, um zur Villa Hercules zu gelangen. Den Abschluss bildet die Einkehr in einem urwüchsigen Restaurant an der Donau. Für die Tour kann man einen Nachmittag veranschlagen.

Óbuda

Der Weg beginnt bei einem noch recht gut erhaltenen **Amphitheater** ㊲ im südlichen Óbuda. Heute finden hier Schüleraufführungen statt, besonders bei Abiturfeiern.

Der Stadtteil Óbuda war bis 1873 eine eigenständige Stadt und insbesondere im 18. Jh. ein beliebter Wohnort deutscher Einwanderer, die den Ort „Altofen“ nannten. Besonders schwäbische Handwerker und Weinbauern ließen sich hier nieder, aber auch eine Kolonie von Seidenspinnern. Heute ist Óbuda nicht mehr sehr idyllisch. Die einstige Haupthandelsstraße Lajos utca ist gesäumt von hässlichen Betonklötzen im sozialistischen Stil, hier spielt sich Budapester Alltag ab. Nur der zentrale Platz, der *Fő tér,* wurde neu gestaltet.

Schloss Zichy DT

Das Schloss an der Ostseite des Platzes in Hausnummer 3 wurde zwischen 1746 und 1757 von der Großgrundbesitzerfamilie Zichy erbaut. Die hier residierende Linie der gräflichen Familie war bekannt für ihren ausschweifenden Lebensstil; in dem Rokokoschlösschen wurden wilde Feste gefeiert, Ort der Handlung waren die Nebengebäude des Schlosses, die im neobarocken Stil gehalten sind. Im Haupthaus befanden sich einst die Wohn- und Wirtschaftsräume.

Im Südflügel ist das *Vasarély-Museum* untergebracht, benannt nach dem in Pécs geborenen Maler und Graphiker, der es in Paris zu Weltruhm gebracht hatte. Er war der Begründer der Op-Art, einer Weiterentwicklung der Berliner Bauhaus-Bewegung. 400 seiner Werke sind im Museum zu sehen. Außerdem im Schloss: das *Lajos-Kassák-Gedächtnismuseum* mit Dokumentation über den anarchistischen Schriftsteller und Maler sowie das *Heimatgeschichtliche Museum* zur Geschichte von Óbuda.

Seide und Perlmutt

Noch heute sind in vielen Gärten Maulbeerbäume zu sehen, die einst zur Seidenraupenzucht gebraucht wurden. Die Seide aus Altofen war europaweit berühmt, ebenso wie die Perlmuttknöpfe, die aus den Schalen der Donaumuscheln hergestellt wurden.

Hübsch und lehrreich ist auch die *Volkskunstsammlung Zsigmond Kún* am Fő tér 4. Hier hat das Ehepaar Kún Gebrauchs- und Volkskunstgegenstände aus mehreren Jahrhunderten ausgestellt. Man hat den Eindruck, durch die Wohnung der Kúns zu schlendern und an ihrem Hobby teilzuhaben.

Draußen auf dem Platz fällt eine bronzene Skulpturengruppe auf, die *Spaziergängerinnen im Regen* des berühmten Bildhauers Imre Varga.

Tipp Das Atelier des Künstlers kann in der Laktanya utca 7 besichtigt werden.

Das Restaurant *Sipos halászkert*, Sipos Fischergarten, am Fő tér lädt zu einer Rast ein. Zu einer Fischsuppe *halászlé* oder ein paar gebackenen Karpfenfilets sollte man ein wenig in dem hübschen Innenhof oder dem Lokal verweilen.

Früher war das Sipos der elegantere Teil eines herrlich schmuddeligen, staatlichen Fischlokals in der Lajos utca. Es war geplant, das in die Jahre gekommene Lokal zu renovieren, man hatte eigens einen Denkmalschützer engagiert. Dann bot ein Investor viel Geld für das Grundstück – also riss man das Haus ab und errichtete einen Bürokomplex. So schnell verschwinden in Budapest Legenden. Das Personal des alten Sipos wurde fast vollständig ins neue Lokal übernommen, das Essen ist gut geblieben, wenn auch die Preise höher sind und die Atmosphäre feiner ist.

Die Militärstadt

Nun beginnt „der römische Teil" des Spaziergangs. Nur wenige Minuten vom Fő tér liegt am Flórián tér der Überrest der einst gigantischen **Militärstadt** ㊴. Hier ließ Kaiser Domitian 89 n. Chr. eine Stadt für über 6000 Legionäre bauen, die die Aufgabe hatten, die nordöstliche Grenze des Römischen Reiches zu verteidigen. Die Fläche dieser Siedlung betrug 480 mal 520 m, umgeben war sie von einer doppelten Mauer. Die Häuser waren für damalige Verhältnisse sehr komfortabel.

Im Jahre 1778 fand der Archäologe István Schönwiesner sogar Fragmente einer Fußbodenheizung, eines sogenannten Hypokaustums. Weiterhin legte er eine 1120 mal 140 m große Badeanlage frei, die vermutlich Ende des 1. Jhs.

Idyllische Gasse in Óbuda

Weg 10
㊲ Amphitheater
㊳ Schloss Zichy
㊴ Militärstadt

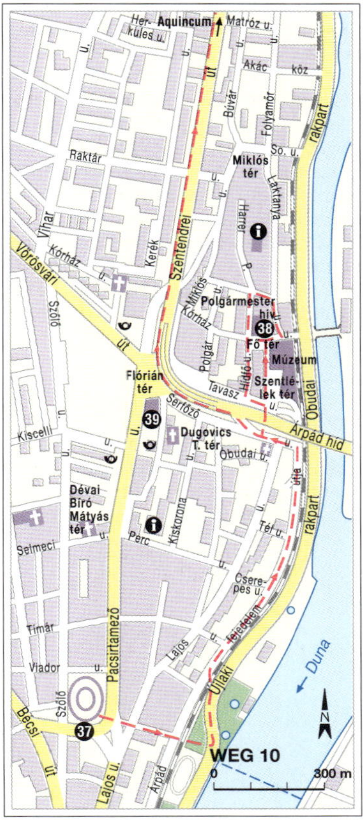

10

Seite 87

n. Chr. gebaut worden war. Die Soldaten der „2. Legion Adiutrix" konnten sich damals der heilenden Wirkung von kaltem, lauwarmem und heißem Mineralwasser hingeben. Das Bad war von einer nach allen Seiten offenen Säulenhalle überdacht und verziert mit Wandmalereien, Skulpturen und Mosaiken. Von dem Militärbad und der Siedlung sind heute nur noch Reste eines Wohnhauses sowie der südliche Abschnitt mit einem Tor erhalten. Die ausgegrabenen Fundgegenstände werden in einem Museum auf dem Gelände gezeigt.

* Aquincum

Etwa 2 km nördlich der Militärstadt liegt an der Straße nach Szentendre diese größte in Ungarn freigelegte Römersiedlung (s. Plan S. 89. Hier lebten Anfang des 2.Jhs. n. Chr. bis zu 60 000 Menschen, viele Handwerker und Händler, die aus allen Teilen des Reiches herbeireisten, um sich zur Versorgung der Truppen niederzulassen. Im Jahre 124 n. Chr. verlieh Kaiser Hadrian den Bewohnern von Aquincum die Bürgerrechte und der Bäderstadt den Status eines Municipium. Im Jahre 194 n. Chr. erhielt sie sogar von Kaiser Septimus Severus den Rang einer römischen Colonia. Aquincum war nun bis 400 n. Chr die Hauptstadt der Provinz Pannonia Inferior.

Betritt man den gewaltigen Ruinengarten, kann man sich kaum vorstellen, welch ein Leben hier vor 2000 Jahren geherrscht hat. Auf dem original gepflasterten *Weg* [B] rumpelten Ochsenkarren der Bauern und Lieferanten, um die Geschäftsleute in der *Markthalle* [E] und der *Ladengalerie* [F] mit frischen Waren und Produkten aus dem Umland zu versorgen. Die Markthalle lag auf dem Schnittpunkt der beiden Hauptstraßen, die die vier Stadttore miteinander verbanden. Hier waren auch die Werkstätten vieler Handwerker, Bäckereien, Metzgereien und Fischläden.

Zentrale Gebäude waren zudem die *Basilika* [C], ein *Badehaus* [D] sowie die großen *Wohnhäuser* [I, J], von denen heute auch noch Reste erhalten sind. Reste eines *Mosaikfußbodens* [H], wie es ihn damals in allen Häusern gab, sind vor dem ebenfalls teilweise erhaltenen *Mithras-Heiligtum* [K] zu sehen.

Einstige Größe

Aquincum hatte eine Größe von 520 mal 380 m, die Form eines unregelmäßigen Vierecks und war umgeben von einer dicken Mauer. Das, was man heute noch sehen kann, ist nur ein Drittel der ursprünglichen Fläche der Römersiedlung.

Aquincum Museum [G]

Das Museum in der Mitte des Gartens wurde erst 1894 erbaut, um einige der archäologischen Funde auszustellen. Zu sehen sind hier Töpfereien, Münzen, Schmuck und Werkzeuge, aber auch z. B. eine Wasserorgel mit Pfeifen und Tastatur, die vermutlich aus dem 3. Jh. n. Chr. stammt. Am besten, man geht zuerst in das Museum und lässt sich einen Eindruck vom Leben in damaliger Zeit vermitteln. Man sieht dann die auf den ersten Blick so langweiligen Steine und Mauerfragmente mit ganz anderen Augen.

Villa Hercules

Wer mag, kann nun mit der HÉV eine Station zurück bis zur Köles utca oder mit dem Bus bis zum Bogdáni út fahren, um die Villa in der Meggyfa utca 19–21 zu besichtigen. Dies sei aber nur archäologisch Fortgeschrittenen zu empfehlen, denn viel zu sehen gibt es nicht. Die Villa lag schon damals außerhalb der Zivilstadt und war reich mit Kunstwerken aller Art ausgestattet. Sie wurde als Repräsentationsbau im 2.Jh. n.Chr. erbaut, um dem Prunk liebenden Rom etwas entgegenzuhalten. Prunkstück war ein riesiges Fußbodenmosaik, von dem heute noch Fragmente erhalten sind. Von dem Gebäude

Seite 87

selbst sind nur noch einige der alten Grundmauern zu sehen, die mit einem weißen Zeltdach vor Wind und Wetter geschützt sind.

Reste der römischen Zivilstadt Aquincum

Archäologisch weniger Interessierte sollten mit der HÉV weiterfahren bis zur Station Tímár utca direkt an der Donau. Von dort gelangt man auf einer Fußgängerbrücke über die Fahrbahn der Schnellstraße ans andere Ufer und in eines der schönsten und ursprünglichsten Lokale der Stadt.

Im **Goli Kisvendéglő** am Árpád fejedelem útja 125 werden authentische ungarische Speisen aufgetischt. Man sitzt im Sommer in einem großen Garten direkt am Fluss, täglich außer Montag spielt der Hausmusikant auf der Hammondorgel zum Tanz. Im Winter versammelt man sich drinnen im großen Saal, während draußen still und kalt die Donau vorüberfließt. Berühmt sind – für den, der's mag – die Gerichte mit Hirn, zum Beispiel ein mit Hirn gefülltes Schnitzel mit Bratkartoffeln. Natürlich werden auch allerlei sonstige Fleisch- und Fischgerichte angeboten. Die Speisekarte gibt es nur auf ungarisch, doch findet sich immer jemand, der mit Freude und Charme übersetzt. Getrunken wird frisch gezapftes Bier oder einfacher Wein. Das ist das Budapest, wie es leider immer seltener zu erleben ist, aber um so lohnender für den Besucher.

Antiker Wasserspeier

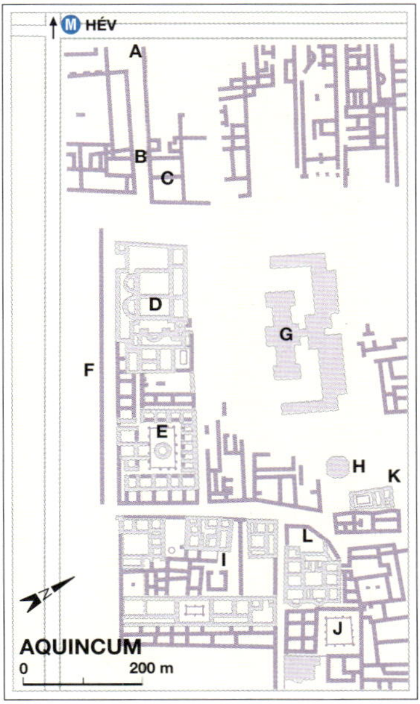

Aquincum
A Eingang
B Weg
C Basilika
D Badehaus
E Markthalle
F Arkaden (ehem. Galerie)
G Aquincum Museum
H Mosaikfußboden
I, J Wohnhäuser
K Mithras-Heiligtum
L Doppelbad

Praktische Hinweise von A–Z

Ärztliche Versorgung

Medizinische Erstbehandlung sowie Krankentransport sind in Ungarn für jeden unentgeltlich, auch für Touristen. Erst eine weitere Behandlung wird kostenpflichtig. Deswegen empfiehlt sich vor der Reise unbedingt der Abschluss einer Auslands-Krankenversicherung.

Im Notfall
Ärztlicher Notdienst: ☏ 104;
Falch SOS: II., Kapy utca 49/B,
☏ 200-0100;
Rettungsdienst: ☏ 111-1666.

Zahnärztlicher Bereitschaftsdienst
Stomatologisches Institut:
VIII., Szenthiráy utca 40, ☏ 133-0970.

Apotheken
haben eine turnusmäßige Nachtbereitschaft, die Anschriften sind an jeder Apotheke angeschlagen. Einige haben auch dauernd geöffnet:
I., Széna tér 1;
XII., Alkotás utca 1/B;
II., Frankel Leó utca 22.

Auto-Pannendienst

ADAC- und ÖAMTC-Notrufstation in Budapest (von 9 bis 17 Uhr in Deutsch, danach in Englisch): ☏ 212-5167.

Budapest-Card

Seit 1997 gibt es die Budapest-Card. Sie ist drei Tage für alle öffentlichen Verkehrsmittel gültig bei kostenlosem bzw. ermäßigtem Eintritt in über 80 Museen, Sehenswürdigkeiten etc. Sogar viele Restaurants und Geschäfte gewähren Card-Besitzern Sonderpreise. Die Budapest-Card (Preis: 1 Erwachsener mit Kind 2 000 Forint für 2 Tage, 2 800 Forint für drei Tage) bekommt man in Touristen- und Reisebüros, Hotels, großen Metrostationen und am Flughafen.

Devisenbestimmungen

Ausländisches Geld darf in unbegrenzter Höhe aus- und eingeführt werden. Will man größere Summen einführen, empfiehlt es sich aber, sie an der Grenze zu deklarieren. *Ungarische Währung* darf man nur bis zu 300 000 Forint einführen, ausführen nur 50 000 Forint.

Diplomatische Vertretungen

Deutsche Botschaft:
XIV., Stefánia út 101–103,
☏ 467-3500.

Österreichische Botschaft:
VI., Benczúr utca 16, ☏ 351-6700.

Schweizer Botschaft:
XIV., Stefánia út 107, ☏ 343-9491.

Einreise

Für Reisende aus Deutschland und Österreich genügt ein Personalausweis. Schweizer benötigen einen Reisepass mit mindestens dreimonatiger Gültigkeit. Die grüne Versicherungskarte für das Auto ist nicht mehr vorgeschrieben, wird jedoch empfohlen. Hunde müssen gegen Tollwut und Staupe, Katzen nur gegen Tollwut geimpft sein.

Elektrizität

Die Stromspannung beträgt in Ungarn überall 220 Volt. Besondere Adapter sind nicht nötig.

Feiertage

1. Januar: Neujahr;
15. März: Nationalfeiertag;
Ostermontag;
Pfingstmontag;
1. Mai: Tag der Arbeit;
20. August: Tag Stephans I., des Heiligen;
23. Oktober: Gedenken an den Aufstand 1956;
25./26. Dezember: Weihnachten.

Fotografieren

Die strengen Vorschriften von früher sind gelockert, man darf außer militärischen Einrichtungen alles fotografieren. Filme sind in Budapest überall erhältlich, die Preise unterscheiden sich kaum von denen bei uns.

Fundbüro

Ein zentrales Fundbüro gibt es nicht. Man muss im Bürgermeisteramt desjenigen Bezirks nachfragen, in dem man etwas verloren hat.

Geld und Währung

Die ungarische Währung, der Forint, ist unterteilt in 100 Fillér, die aber im täglichen Leben kaum noch eine Rolle spielen. Es gibt Münzen im Wert von 10, 20 und 50 Fillér sowie zu 1, 2, 5, 10 und 20 Forint, neuerdings auch zu 50, 100 und 200 Forint. Scheine kursieren im Wert von 50, 100, 500, 1000 und 5000 Forint. Der Forint wird gegenüber der DM immer wieder abgewertet.

100 HUF (Florint) liegen bei 0.30 DM, 500 HUF bei 4,65 DM, 1 000 HUF bei 9,30 DM, 5 000 HUF bei 46,50 DM und 10 000 HUF bei 93,00 DM (Stand Januar 1999).

Geld wechselt man bei den meisten Banken, besonders bei den zahlreichen Filialen der OTP, der ungarischen Sparkasse. ec-Geldautomaten werden z. Zt. installiert. Eurocheques kann man aber auch bei den meisten Banken, Wechselstuben und Postämtern einlösen (max. 30 000 Forint pro Scheck).

Die zahlreichen Wechselstuben in den Bahnhöfen und auf der Váci utca verlangen keine Wuchergebühren. Gleiches gilt für die großen Hotels. Dort Geld zu tauschen, empfiehlt sich immer noch eher, als bei den vielen „freundlichen" Herren, die besonders am Ostbahnhof Touristen ansprechen.

Banken haben in der Regel werktags von 9 bis 16 Uhr geöffnet, Wechselstuben weitaus länger und auch am Wochenende. Rund um die Uhr geöffnet

Man spricht deutsch – oftmals

Geldwechseln – kein Problem

Weder gelb noch pink/grau, sondern alt und schön

hat die Wechselstube der Handels- und Kreditbank (V., Károly körút 20).

Die gängigen Kreditkarten werden mittlerweile in vielen Restaurants und Geschäften akzeptiert. Bargeld gegen Kreditkarte erhält man nur bei wenigen Banken, z. B. bei der MKB in der Türr István utca 9 neben dem Vörösmarty tér (Eurocard und Visa). Dort hängt auch einer der wenigen Kreditkarten-Geldautomaten. American Express hat sein Büro und einen Automaten unweit davon in der Deák Ferenc utca 10. Generell sollte man nur so viel Geld wechseln, wie man braucht, denn ein Rücktausch ist teuer.

Haustiere

Für Hunde und Katzen braucht man einen Nachweis über eine Tollwut-Schutzimpfung, Hunde müssen zusätzlich gegen Staupe geimpft sein.

Information

Ungarisches Fremdenverkehrsamt:
60311 Frankfurt/Main,
Berliner Str. 72,
☏ (0 69) 9 29 11 90,
℻ 92 91 19 18,
e-mail: htFrankfurt@hungary-tourism.hu.

Ungarischer Fremdenverkehrsverband:
1010 Wien,
Parkring 12,
☏ (01) 5 12 66 41,
℻ 5 13 12 01,
e-mail: htvienna@hungarytourism.hu.

Ungarisches Verkehrsbüro:
8035 Zürich,
Stampfenbachstr. 78,
☏ (1) 361-14 14,
℻ (1) 361-39 39,
e-mail: htzurich@hungarytourism.hu.

IBUSZ-Reisebüros:
50676 Köln,
Mauritiussteinweg 114–116,
☏ (02 21) 20 64 50.

10178 Berlin,
Karl-Liebknecht-Str. 9,
☏ (0 30) 2 42 35 59.

1010 Wien, Kärntner Str. 26,
☏ (01) 5 15 55.

5020 Salzburg, Pfeifergasse 5,
☏ (06 62) 84 08 03.

8002 Zürich, Freigut-Str. 5,
☏ (01) 2 01 17 60.

Auskunft in Budapest:
Tourinform (◷ Mo-Fr 9-19, Sa,/So 9-16 Uhr):
V., Sütő utca 2,
☏ 317-9800, ℻ 317-9656,
e-mail: httourinform@hungary-tourism.hu,
Homepage: http://www.hungary-tourism.hu.

IBUSZ (◷ 24 Stunden):
V., Petőfi tér 3, ☏ 317-77 67;
Informationen zu Unterkunft, Stadtbesichtigungen, Kartenvorverkauf etc.

Budapest Tourist:
V., Roosevelt tér 5, ☏ 318-66 00;
Staatliches Reisebüro mit den üblichen Diensten sowie Organisation von Stadtrundfahrten und Touristenprogrammen, allgemeine Informationen und Vermittlung von Privatunterkünften und Pensionen.

Zentrales Vorverkaufsbüro:
V., Vörösmarty tér 1,☏ 117-6222;
Informationen /Vorverkauf für alle Konzerte und Theatervorführungen.

Stadtrundfahrten:
Individuelle Stadtrundfahrten auch für Einzelpersonen bietet die Firma Viktória Tours an. Baross utca 180, ż 405-0951.

Seit 1997 patroullieren speziell ausgebildete Fremdenverkehrspolizisten an den meist besuchten Punkten der Stadt, sie tragen ein englischsprachig beschriftetes T-Shirt und eine blaue Baseballmütze.

Krankenversicherungen

Mit Ungarn haben die gesetzlichen Krankenversicherungen kein Abkommen. Es werden also Zahlungen für dort in Anspruch genommene Leistungen nicht zurückerstattet. Man sollte daher unbedingt vor der Reise eine Auslands-Krankenversicherung abschließen.

Kriminalität

Wie in allen Großstädten des ehemaligen Ostblocks gibt es auch in Budapest eine wachsende Kriminalitätsrate. Der Tourist wird davon jedoch wenig bemerken. Meist sind es Banden, die sich im Drogen-, Autoschieber- und Prostitutionsmilieu bekriegen, oder es sind mafiaähnliche Organisationen, die Schutzgelder zum Beispiel bei Wirten erpressen. Dies alles spielt sich an Orten ab, die der durchschnittliche Reisende nie besucht – es sei denn, er bewegt sich in den einschlägigen Straßenstrich-Vierteln. Wer es nötig hat, sich ein blutjunges, verschlepptes Mädchen zu kaufen, muss mit dieser Situation fertig werden.

Straßenraub ist selten. Die manchmal aggressiv bettelnden Sinti- und Romafamilien rund um den Vörösmarty tér sind harmlos. Sehr viel gefährlicher sind die rassistischen Warnungen vor diesen Menschen, die man von vielen Zeitgenossen bekommt.

Aufpassen muss man als Fahrer eines neueren Autos westlicher Bauart. Diebstähle sind häufig, auch Autoaufbrüche. Wie überall auf der Welt sollte man also keine Wertsachen im Auto lassen, auch nicht im Handschuhfach. Im Übrigen lohnen sich die paar Forint für einen bewachten Parkplatz wie zum Beispiel am Deák tér.

Hyänen unter den Taxifahrern: Die Taxifahrer der Halteplätze an den Bahnhöfen, am Flughafen und vor den größeren Hotels haben eine mafiaähnliche Droschkenorganisation unter sich aufgeteilt. Dort dürfen nur Taxifahrer stehen, die „Mitgliedsbeiträge“ entrichten. Also sind die Preise hoch, zumal diese Chauffeure meist sündhaft teure, westliche Großlimousinen fahren. Am besten, man lässt sich über Telefon ein Taxi von den seriösen Firmen (s.S. 94) kommen.

Maßeinheiten

Getränke und Speisen werden in Ungarn oft dezi- und dekaweise verkauft. Ein Dezi Wein ist ein Glas mit 0,1 Liter, fünf Deka *kolbász* sind 50 Gramm einer Sorte ungarischer Wurst.

Mehrwertsteuer und -rückerstattung

Die Mehrwertsteuer beträgt in Ungarn zur Zeit 25 %. Bei gekauften Waren ab einem Wert von 50 000 Forint kann man sie sich zurückerstatten lassen. Davon ausgenommen sind Kunstwerke und Antiquitäten. Man erhält das Geld an allen Grenzübergängen, Flughäfen und Schiffsanlegestellen sowie im IBUSZ-Büro am Ostbahnhof: Europe Tax Free Shopping, II. Magyarország Kft., ☎ 📠 212-4906.

Notruf

Polizei (Rendőrség): ☎ 107;
Feuerwehr (Tűzoltók): ☎ 105;
Rettungsdienst (Mentők): ☎ 104.

Öffnungszeiten

Es gibt keine gesetzlichen Ladenschlusszeiten. Die meisten *Geschäfte* und Kaufhäuser in der Innenstadt haben jedoch 10–18 Uhr geöffnet, Sa 9–13 Uhr. Do wird meist erst um 20 Uhr zugesperrt. In allen Stadtteilen gibt es jedoch Lebensmittelläden, die rund um die Uhr geöffnet haben.

Postämter haben bis auf zwei Ausnahmen (siehe „Post“) 8–18 Uhr geöffnet, Sa bis 14 Uhr. *Banken* haben bis auf eine Ausnahme (siehe „Geld und Währung“, S. 92ff.) werktags von 9–16 Uhr geöffnet, private Wechselstuben länger.

Museen sind Mo meist geschlossen.

Post

Ansichtskarten ins europäische Ausland: 65 Ft, Briefe bis 20 g 100 Ft.

Zwei Postämter in Budapest haben 24 Stunden am Tag geöffnet: Postamt 62, VI., Teréz körút 105–107 (am Westbahnhof), und Postamt 72, VIII., Baross tér 11 (am Ostbahnhof). Die Briefkästen sind in Budapest rot.

Postlagernde Sendungen liegen beim Postamt 4, Városház utca 18. Man schickt die Sendung an: 1364 Budapest 4, Petőfi Sándor utca 17. In Ungarn setzt man den Familiennamen vor den Vornamen, so kann ein Brief leicht im falschen Fach landen.

Radio

Alle osteuropäischen Stationen strahlen ihre Sendungen auf einer Frequenz aus, die im Westen Polizei und Rettungsdiensten vorbehalten ist, ein Relikt aus dem Kalten Krieg, als den Bürgern verboten war, Westradio zu hören. Mit dem Autoradio ist also wenig zu empfangen. Ausnahme: Radio Danubius, ein Privatsender mit englischsprachiger Moderation und Pop-Gedudel bei oberflächlichen Texten (UKW 103,3 MHz).

Taxi

Taxifahren in Budapest ist problematisch. Noch immer gibt es keine einheitlichen Tarife und zu viele Taxis. So versuchen die Fahrer, aus den wenigen Fahrten den größtmöglichen Profit zu ziehen. Wohl müssen die Tarife im Taxi angeschrieben sein, doch viele manipulieren am Taxameter.

Am besten lässt man sich von einem Einheimischen (Portier, Pensionswirt, Kellner) vorher den ungefähren Fahrpreis nennen und drückt dem Fahrer beim Aussteigen ohne Ansehen des Taxameters freundlich lächelnd den abgezählten Betrag plus Trinkgeld in die Hand.

Firmen mit garantierten Tarifen sind:
Budataxi: ☎ 233-3333;
City Taxi: ☎ 211-1111;
Főtaxi: ☎ 222-2222;
Palotataxi: ☎ 272-0616;
Rádiótaxi: ☎ 177-6777;
Tele 5 Taxi: ☎ 155-5555;
Volántaxi: ☎ 166-6666;
Yellow Pages Taxi: ☎ 155-5000;
6x6 Taxi: ☎ 266-6666.

Telefon

Öffentliche Fernsprecher nehmen 5-, 10- oder 20-Ft-Münzen. Bequemer sind Telefonkarten. Es gibt sie mit 50 oder 100 Einheiten bei jedem Postamt oder im Telefonladen Petőfi Sándor utca Ecke Bárczy István utca nahe dem Vörösmarty tér. In letzter Zeit werden immer mehr Kartentelefone installiert.

Für ein Ferngespräch wählt man zuerst die 00 und wartet dann auf einen hohen Piepston oder ein rasselndes Klingeln, das Freizeichen für Auslandsgespräche. (Ertönt dies nicht, so sind alle Leitungen besetzt.) Dann wählt man für Deutschland 49, für Österreich 43, für die Schweiz 41, dann die Vorwahl des Orts ohne Null und die gewünschte Nummer des Teilnehmers. Funktelefone der Netze D1/D2 funktionieren im Stadtgebiet.

Zwischen 22 und 8 Uhr sind die Tarife günstiger, ebenso am Wochenende. Auskunft Inland: 198, Ausland: 199.

Telegramme aufgeben und Faxe abschicken kann man auf jedem Postamt.

Trinkgeld

Bei Taxifahrern und Kellnern sind ca. 10 % des Rechnungsbetrages angebracht. Dem Primas einer Zigeunerkapelle gibt man einen größeren Schein, wenn man die Musik mochte; ließ man ihn am Tisch spielen, gibt man mehr.

Zeit

Ungarn hat die gleiche Zeit wie Österreich, Deutschland und die Schweiz.

Zollbestimmungen

Einreise: Zollfrei einführen darf man 500 Zigaretten oder 100 Zigarren oder 500 g Tabak, 1 l Wein und 1 l Branntwein sowie Gegenstände für den persönlichen Gebrauch. Ware bis zu einem Wert von 270 000 Forint ist zollfrei.

Ausreise: Erlaubt sind Waren im Gesamtwert von 270 000 Forint, genehmigungspflichtig ist die Ausfuhr von Gold und Silber, Kunstwerken, Antiquitäten und anderen musealen Gegenständen.

Register

Sachregister

Personenregister

Bildnachweis

Alle Fotos APA Publications/Mark Read außer Archiv für Kunst und Geschichte, Berlin: 13/1, 15/1–2, 17/2; Jens Funke: 23/3, 39/1, 51/2, 57/1, 63/3, 69/2, 91/3; Ladislav Janicek: 6; Kai-Balduin Kertscher: 37/3, 55/3, 75/2, 77/3; Stephan Morgenstern: 1, 9/2, 11/1, 43, 45/3, 55/2, 63/1, 65/2, 77/1, 85; Marton Radkai: 7/1–2, 13/2, 19/1–2, 21/2–3, 27/3, 33/3, 41/1, 45/1, 51/3, 61/1, 65/2–3, 69/3, 73/1, 89/2; Ursula Wiegand: 29/1; Umschlag: Walter Storto (Bild), Bernd Ducke/ Superbild (Flagge).